SUITE

DU CORAN.

TOME TROISIÈME,

CONTENANT

L'EXPOSITION

DE LA

FOI MUSULMANE.

Ouvrages du même auteur, qui se trouvent chez les mêmes Libraires.

LES OISEAUX ET LES FLEURS, allégories morales d'Azz-Eddin El-Mocaddessi, publiées en arabe, avec une traduction et des notes. In-8°, de 400 pages. Prix 15 fr.

Sous presse à l'Imprimerie royale.

LES STANCES DE HAMAI, traduites de l'arabe, avec des notes, par le même auteur, in-8°.

DE L'IMPRIMERIE DE FAIN, PLACE DE L'ODÉON.

EXPOSITION

DE LA

FOI MUSULMANE,

TRADUITE DU TURC

DE MOHAMMED BEN PIR-ALI ELBERKEVI,

AVEC DES NOTES

Par M. GARCIN DE TASSY.

SUIVIE DU PEND-NAMEH, POÈME DE SAADI, TRADUIT DU PERSAN, PAR LE MÊME; ET DU BORDA, POÈME A LA LOUANGE DE MAHOMET, TRADUIT DE L'ARABE, PAR M. LE BARON SILVESTRE DE SACY.

Un système religieux qui asservit la moitié du monde n'aurait-il donc rien que la *** pût avouer?

Le Ms. de Pastoret, Zoroastre, Confucius et Mahomet.

A PARIS,

CHEZ G. DUFOUR et Ed. D'OCAGNE, LIBRAIRES,

QUAI VOLTAIRE, Nº. 13;

ET A AMSTERDAM, CHEZ G. DUFOUR et COMPAGNIE, LIBRAIRES.

1822.

À Monsieur

Le Comte Portalis,

PAIR DE FRANCE, CONSEILLER D'ÉTAT, ETC., ETC., ETC.

MONSIEUR LE COMTE,

L'étude profonde du droit des nations, à laquelle vous vous êtes livré, vous a conduit naturellement à celle de leurs lois religieuses et de leurs différens cultes. Parmi les religions, il en est peu, je crois, le Christianisme à part, qui présentent plus d'intérêt que la religion de Mahomet. Vous trouverez ici, MONSIEUR LE COMTE, dans un cadre étroit, l'abrégé des connaissances que vous avez sur l'Islamisme.

Je désirais depuis long-temps vous donner un témoignage des sentimens que m'inspire la bienveillance dont vous voulez bien m'honorer : je m'estime heureux d'en avoir l'occasion en vous offrant cette Exposition de la foi Musulmane.

Je suis avec un profond respect,

Monsieur le Comte,

Votre très-humble et très-obéissant serviteur,

J. Hri. GARCIN DE TASSY.

PRÉFACE
DU TRADUCTEUR.

La religion musulmane est, peut-être, de toutes les religions, la plus répandue. La moitié de l'Asie et de l'Afrique et une partie de l'Europe suivent la loi de Mahomet. Que dis-je, un moment l'Europe entière fut sur le point de voir ses temples changés en mosquées; et il y a trois siècles à peine que les musulmans occupaient encore des provinces d'un royaume limitrophe de la France. Cependant, on s'est formé de cette religion les idées les plus fausses. Durant plusieurs siècles, on a donné aux musulmans le nom de *païens*, et le Tasse lui-même les a désignés sous ce nom dans son admirable poëme.

Toutefois, « jamais peuple, ainsi que l'ob-
» serve fort bien un écrivain célèbre, ne fut plus
» éloigné de ce que nous appelons improprement
» le *paganisme*, et ne fut plus attaché sans aucun
» mélange à l'unité de Dieu. »

On a été plus loin, on a nommé les divinités qu'on a prétendu qu'ils adoraient : Vénus, Astarté, la Lune, Uranie, etc. On a même divinisé pour eux *Safa* et *Merva*, collines de la Mecque.

On est tombé dans des erreurs aussi étranges pour tout ce qui concerne leurs autres dogmes et les pratiques de leur culte (1).

Aujourd'hui, si l'on ne nomme plus les musulmans païens, et si l'on ne cite plus le nom de leurs divinités prétendues, du moins continue-t-on de les nommer *adorateurs de Mahomet*, et a-t-on toujours de leur religion à peu près les mêmes idées que l'on en avait.

Dans ces derniers temps, Voltaire a contribué et contribue encore tous les jours à jeter un mépris outré sur l'islamisme, et surtout sur son auteur, par sa tragédie intitulée *le Fanatisme* ou *Mahomet*. Dans ce poëme, Voltaire représente le législateur

---

(1) Reland, dans son ouvrage intitulé : *De religione mohammedicâ*, s'est attaché à réfuter les fausses inculpations que l'on a accumulées contre l'islamisme, et contre Mahomet. Mais j'avoue que Reland est trop indulgent, et qu'il prend la défense de bien des choses que je crois difficile de pouvoir justifier. On pourrait peut-être même lui reprocher un peu de partialité pour les musulmans.

des Arabes sou 'es traits d'un scélérat. Quoi! Voltaire n'a vu qu'un scélérat dans cet homme célèbre qui a substitué le culte d'un seul Dieu à l'ido-
lâtrie grossière dans laquelle étaient plongés ses
malheureux concitoyens! il n'a vu qu'un brigand
dans le législateur qui a remplacé par des lois
sages et sévères (1) les coutumes barbares et san-
guinaires des anciens Arabes (2)!

(1) On me ferait peut-être le même reproche de partialité
que je viens de faire à Reland, si je n'exceptais de cet éloge
de la sévérité musulmane l'article du mariage, car on sait
que la religion de Mahomet permet d'avoir jusqu'à quatre
femmes, et même de cohabiter avec ses esclaves. La même
impartialité qui me fait poser cette exception, me commande
aussi de dire que, malgré ces dispositions de la loi, la polygamie n'est pas chez les musulmans aussi commune qu'on
pourrait le croire. D'abord il faut avoir une certaine aisance
pour entretenir plus d'une femme, et quand on a cette
aisance, il faut encore vaincre la répugnance qu'ont en général les parens de donner une fille à un homme déjà marié,
ou qui ne leur promet pas de n'avoir qu'elle seule pour
épouse. D'ailleurs, il n'est pas inutile de remarquer qu'en
permettant la polygamie, Mahomet n'a fait que suivre l'usage
établi dans tout l'Orient de temps immémorial : il a même
resserré cet usage dans des bornes plus étroites. Les enfans
que les musulmans ont de leurs esclaves sont légitimes.

(2) Les Arabes païens considéraient les femmes comme la

« On ne trouve pas que Mahomet ait été noirci
» d'aucun vice, dit le célèbre W. Jones. Ses
» talens pour la guerre, ses vertus morales, sa
» sagacité, le mettent au niveau des Alexandre,
» des Solon et des Lycurgue; et si le Coran est de
» sa composition, comme cela paraît démontré,
» on doit le mettre au rang des plus habiles rhé-
» toriciens et des plus élégans poëtes (1). »

Ne serait-ce point par antipathie pour les idées
religieuses que le philosophe de Ferney aurait

---

propriété de leurs maris, et bien loin de leur donner aucune
part dans l'héritage de leurs époux, ils en disposaient contre
leur consentement. Ils enterraient leurs filles toutes vi-
vantes, lorsqu'ils craignaient d'être réduits à la pauvreté en
pourvoyant à leur entretien, etc., etc. Ils regardaient la
naissance d'une fille comme un malheur, et leur mort comme
un grand bonheur. Ils avaient aussi coutume de faire vœu
que s'il leur naissait un certain nombre de garçons, ils en
offriraient un en sacrifice aux idoles, sacrifice qu'ils accom-
plissaient exactement. Voyez, pour l'ancienne religion des
Arabes, les Observations historiques et critiques de Sale
sur le Mahométisme, observations qui se trouvent à la tête
de sa traduction anglaise du Coran, ou en français au commencement de la traduction de ce livre, par du Ryer, édition
d'Amsterdam, 1775.

(1) *Dissertation sur la Poésie Or.* (Jones's Works, tome
12, pag. 298.)

fait sa tragédie (1)? On pourrait hésiter à répondre si l'on ne connaissait pas les vers qu'il adressa à *La Noue*, auteur de la tragédie de Mahomet II, en lui envoyant celle de Mahomet le prophète (2).

Néanmoins, je ne prétends point me faire ici le champion du législateur des Arabes, ni le défenseur de la religion qu'il a établie. Je ne suis qu'un simple traducteur, et mon unique but, en publiant en français cette *Exposition de la foi musulmane*, a été de contribuer à détruire les fausses idées que l'on a encore sur cette religion.

Je prétends encore moins faire la plus légère

---

(1) Voltaire, dans sa lettre au roi de Prusse, datée du 20 janvier 1742, avoue que le fait historique sur lequel repose sa tragédie est faux. « Je sais, dit-il, que Mahomet « n'a pas tramé précisément l'espèce de trahison qui fait le « sujet de cette tragédie. »

(2) Les voici :

Mon cher La Noue, illustre père
De l'invincible Mahomet,
Soyez le parrain d'un cadet
Qui, sans vous, n'est point fait pour plaire.
Votre fils est un conquérant,
Le mien a l'honneur d'être apôtre,
Prêtre, fripon, dévôt, brigand ;
Qu'il soit le chapelain du vôtre.

comparaison entre le christianisme et l'islamisme (1), entre l'Évangile et le Coran. Comment en
effet, tout autre argument à part, pouvoir com-
parer le christianisme propagé par la seule voix
de la conviction, à l'islamisme prêché les armes
à la main ? « L'Évangile, lit-on avec plaisir dans
» Bayle, prêché par des gens sans nom, sans
» étude, sans éloquence, cruellement persécutés,
» et destitués de tous les appuis humains, ne
» laissa pas de s'établir, en peu de temps, par toute
» la terre. C'est un fait que personne ne peut nier
» et qui *prouve clairement que c'est l'ouvrage de*
» *Dieu.* » *Dict. hist. et crit.*, art. *Mahomet.*

Le *Risalèt Berkevi*, ou petit traité par Berkevi,
que j'ai intitulé : *Exposition de la foi musulmane,*
et dont j'offre aujourd'hui la traduction, n'est autre chose qu'un *catéchisme* à l'usage des Turcs. Il
est chez eux très-estimé et très-répandu ; on en a
fait plusieurs éditions à Scutari. Cazi-Zadé Islambouli Ahmed ben-Mohammed Amin en a donné un
commentaire (in-4°. de 552 pages) qui, ainsi que
le catéchisme, est en turc, et qui est également

---

(1) Le mot *islamisme* signifie proprement *résignation à
Dieu*, et *musulman*, *résigné à Dieu*.

imprimé à Scutari (1). Il est intitulé : *La perle précieuse d'Ahmed* (nom du commentateur) (2), *ou commentaire du petit traité de Berkevi*. Je m'en suis utilement servi; car l'on rencontre souvent de l'obscurité dans le texte.

Les traités les plus complets de la religion musulmane embrassent le dogme, le culte et la morale. Mais il y en a qui ne renferment que le dogme et le culte, d'autres le dogme seulement. Quelques-uns enfin s'attachent au dogme et à la morale, et passent légèrement sur le culte. C'est dans cette dernière classe que le traité de notre auteur doit être rangé.

En effet, Berkevi parle du dogme d'une manière assez étendue; il y consacre les six premiers chapitres de son ouvrage; mais il indique à peine les devoirs du culte (j'ai eu soin de les développer

(1) Le Traité de Berkevi et le Commentaire d'Ahmed, se trouvent indiqués dans le catalogue des mss de la Bibliothèque imp. de Vienne. (Mines de l'Or., tom. 5, pag. 286.) L'orientaliste qui a fait ce catalogue a constamment écrit en latin, *Beregli* au lieu de *Berkevi* que d'Herbelot écrit *Barcali*.

(2) Et non point comme a traduit le rédacteur du catalogue des manuscrits orientaux de la Bibliothèque de Vienne, *loc. cit. : Corolla margaritarum laudabilis*.

dans une note). Il est vrai que l'auteur entre dans des détails minutieux au sujet des ablutions et des règles touchant la prière, détails qu'il a joints à son traité sous le titre d'*appendice*. Je n'en ai conservé que la dernière division dont j'ai formé le huitième et dernier paragraphe du septième chapitre ; je n'ai point traduit le reste : on n'aurait pu en soutenir l'insipide et fatigante lecture.

En terminant sa *Risalé*, *Mohammed Elberkevi* entre aussi dans les détails les plus minutieux sur ce qu'il désire que l'on observe à sa mort. J'ai pareillement omis ces détails aussi peu intéressans pour le moins que les autres.

Quant à la partie morale, elle se trouve renfermée dans le septième chapitre ; mais elle est mêlée à des choses qui tiennent au dogme et au culte. Elle est assez étendue ; toutefois l'auteur a négligé de parler de plusieurs articles, comme de l'interdiction des images, de celle des vases d'or et d'argent, etc. J'ai divisé en sections ce dernier chapitre pour y mettre plus d'ordre.

Le traité dont je publie la traduction n'a rien de commun avec un ouvrage allemand intitulé : *Birghilu risale, oder Elementarbuch der Muhammedanischen Glaubenslehren*. L'*Exposition* que je donne au public est traduite du turc de *Mohammed ben-Pir Ali Elberkevi*, celle de l'auteur allemand l'est de l'arabe de *Nejmuddin Omar Nessefi*. L'ouvrage de Nejmuddin est bien plus court que celui de Berkevi. Il ne traite ni du culte (il faut en excepter la prière), ni de la morale. Il ne renferme en tout que cinquante-huit articles fort succincts; mais que l'interprète allemand a eu soin d'accompagner de la traduction du commentaire de Sad-Uddin Teftazani, et de notes intéressantes.

Je dois actuellement dire un mot des morceaux que j'ai joints à l'*Exposition de la foi musulmane*. Le premier est un poëme moral de Saadi intitulé *Pend-Nameh*. Ce poëme développe, pour ainsi dire, les leçons sèches et concises du théologien ottoman. Quoiqu'il soit un peu monotone, je ne doute pas que le nom du spirituel auteur du *Gulistan* le fera lire avec intérêt.

Le *Pend-Nameh* de Saadi ne se trouve point parmi les manuscrits de la bibliothèque du Roi; mais il est imprimé dans trois différens ouvrages : dans le *Persian Moonshee* de M. François Gladwin, dans les *Flowers of persian litterature* de Rousseau, avec une traduction anglaise; enfin dans l'*Indian preceptor* de Gilchrist, avec une traduction anglaise et une traduction indostane.

Le *Borda*, poëme à la louange de Mahomet, est si estimé chez les musulmans, que plusieurs d'entre eux l'apprennent par cœur, et en citent les vers comme autant de sentences. Différens auteurs musulmans l'ont aussi paraphrasé et commenté, et on en trouve un grand nombre de traductions persanes et turques. Uri l'a publié et traduit en latin. M. de Hammer en a donné une traduction en allemand, dans son ouvrage intitulé : *Constantinopel und der Bosphorus*. Mon illustre maître, M. le baron Silvestre de Sacy, qui avait depuis long-temps, en portefeuille, une traduction française de ce poëme, a bien voulu me permettre d'l'insérer à la suite de mon travail. J'ai mis à la fin du volume deux contes de Kaschefi qui ne me paraissent pas dépourvus d'intérêt.

L'impression de cet ouvrage était terminée, lorsque j'ai eu connaissance d'un livre, intitulé *Religion ou Théologie des Turcs*, etc., etc. (Bruxelles 1704) à la fin duquel se trouve la traduction du traité de Ben-Pir Ali. Mais cette traduction s'éloigne beaucoup de mon travail; l'auteur s'y est appesanti sur des minuties que j'ai écartées à dessein, et qui n'auraient offert aucune espèce d'intérêt au lecteur : d'ailleurs, il n'a pas toujours rendu exactement le texte, il lui est même échappé des contre-sens graves.

Paris, ce 5 mai 1822.

EXPOSITION

DE LA

FOI MUSULMANE.

Au nom de Dieu clément et miséricordieux.

Louanges à Dieu, à qui nous devons le bonheur d'être musulmans et d'appartenir au peuple de Mahomet. (Que Dieu lui soit propice et lui accorde le salut.)

Que la paix et les bénédictions du Très-Haut reposent sur tous les prophètes et sur tous les apôtres, mais en particulier sur Mahomet la plus excellente des créatures, sur sa race et sur tous ses compagnons.

Ce petit traité est l'ouvrage du pauvre Mohammed ben-Pir-Ali Elberkevi, qui confesse son peu de mérite. (Que Dieu plein de miséricorde lui pardonne ses fautes et pardonne celles de son père.) Il l'a rédigé pour lui-même et pour tous les musulmans qui pourront en faire usage : il a eu soin de l'écrire en turc, afin qu'il fût utile à plus de personnes (1).

CHAPITRE PREMIER.

DE DIEU.

Il faut d'abord confesser, 1°. que Dieu très-haut seul doit être adoré ; qu'il n'a ni associé, ni égal ; qu'il n'est assujetti à aucun des besoins ni à aucune des imperfections de l'humanité ; qu'il n'est point né ; qu'il n'engendre point ; qu'il n'a ni femme, ni fils, ni fille ; que ces accidens ne sont point en lui et ne peuvent y être ; qu'il n'est ni dans le ciel, ni sur la terre ; qu'il n'a pas de demeure ; qu'il n'est ni à droite, ni à gauche, ni devant, ni derrière, ni dessus ni dessous ; qu'il est invisible ; qu'il n'a ni figure, ni forme, ni couleur, ni parties ; que son existence n'a ni commencement ni fin ; qu'il ne la tient que de lui-même et non d'aucun autre être ; que sa noble essence est immuable ; qu'il n'est point sujet à la maladie, au chagrin, à la crainte, à l'altération ; enfin qu'il est totalement exempt d'imperfections. Qu'il existait lorsque le monde était encore dans le néant ; qu'il n'a besoin de personne ; qu'il peut tout ; que s'il le voulait, il anéantirait le monde entier dans un instant, et que, si bon lui semblait ensuite, il le ferait en un instant exister de nouveau ; que rien ne lui est difficile, que la création d'une petite mouche ou de sept cieux et de sept terres est pour lui la même chose ; que personne n'a d'autorité sur lui, tandis qu'il commande à tous les êtres ; qu'il n'est obligé à rien ; qu'il ne reçoit ni avantage ni dommage de qui que ce soit ; que si tous les infidèles étaient croyans, et toutes les personnes irréligieuses pieuses, il n'en retirerait aucun avantage ; que si, au contraire, tous les hommes étaient infidèles, il n'en résulterait pour lui aucun préjudice.

2°. Que Dieu est doué de vie et de science ; qu'il sait tout, qu'il connaît tout ce qui est caché et ce qui est manifeste dans les cieux et sur les terres ; qu'il connaît le nombre des feuilles des arbres, celui des grains de blé, d'orge, et des autres grains, ainsi que celui des grains de sable ; qu'il n'y a rien qu'il ignore, que sa science embrasse tout de la manière la plus détaillée et en même temps la plus générale ; qu'il connaît les choses passées et les futures ; qu'il connaît ce qui vient au cœur de l'homme, ce qu'il manifeste par la parole, son intérieur, son extérieur ; qu'il connaît les choses qui tombent sous les sens et celles qui sont invisibles ; que celles qui sont invisibles, il est le seul qui les connaisse à l'exception de ceux à qui il les révèle ; qu'il est exempt d'oubli, de négligence, d'erreur, que sa science est éternelle, qu'elle n'est pas postérieure à son essence.

3°. Qu'il est doué d'audition ; qu'il entend tous les sons, qu'ils soient faibles ou forts. Si l'on parle tout bas à l'oreille de quelqu'un, et que cette personne ne l'entende pas, Dieu l'entend.

4°. Que Dieu voit tout ; qu'il voit dans la nuit noire la marche de la fourmi noire sur la pierre, noire, et entend le bruit du mouvement de ses pates.

Mais ce qu'il entend n'a point lieu par l'oreille, et ce qu'il voit n'a pas lieu par l'œil comme chez nous ; car il n'a ni yeux ni oreilles.

5°. Qu'il est doué de volonté, qu'il fait ce qu'il veut, que ce qu'il ne veut pas n'arrive pas. Qu'il n'est obligé à rien ; que personne ne peut le faire agir par force ; que chaque chose bonne ou mauvaise, qui existe dans le monde, existe par sa volonté. Qu'il veut la foi des croyans et la piété des gens religieux ; que s'il changeait de volonté, il n'y aurait ni vrai croyant ni homme pieux. Qu'il veut de même l'infidélité de l'infidèle et l'irréligion de l'irréligieux ; que, sans cette volonté, il n'y aurait ni irréligieux ni infidèle.

Qu'une petite mouche ne fait pas mouvoir ses ailes sans la volonté de Dieu très-haut. Que tout ce que nous faisons nous le faisons par sa volonté ; que ce qu'il ne veut pas n'arrive point ; car autrement ce serait un indice d'un manque de puissance de la part de Dieu. Que s'il le voulait, il rendrait tous les hommes croyans et pieux ; que si, au contraire, telle était sa volonté, il les rendrait tous infidèles.

Si l'on demande pourquoi Dieu n'a pas voulu que tous les hommes fussent fidèles, mais qu'il a voulu que quelques-uns fussent infidèles, voici la réponse : On ne doit s'enquérir de rien de ce que Dieu veut et fait, lui seul a le droit de faire de pa-

reilles questions. Il est parfaitement libre de vouloir
et de faire ce qui lui plaît. D'ailleurs, dans les choses
qu'il veut et qu'il fait, il y a des vues d'utilité et de
sagesse qui échappent à l'entendement des enfans
d'Adam. En créant des infidèles, et en voulant
qu'ils fussent infidèles, en formant les serpens, les
scorpions et les pourceaux (1); en voulant enfin
tout ce qui est mal, Dieu a eu des vues de sagesse
et d'utilité, qu'il n'est point nécessaire que nous
connaissions, mais dont il est nécessaire que nous
soyons persuadés. Il faut enfin confesser que la volonté de Dieu est éternelle et qu'elle n'est point
postérieure à son essence.

6°. Il est nécessaire de reconnaître que Dieu est
tout-puissant; qu'il peut tout ce qui est imaginable;
que, s'il veut, il peut ressusciter un mort; faire parler
une pierre ou un arbre et les faire marcher; qu'il peut
anéantir les cieux et les terres, et les faire exister
de nouveau; qu'il peut créer quelques mille cieux
semblables à ceux qui existent, et quelques mille
terres semblables à celle que nous habitons, et les
faire toutes d'or ou d'argent; qu'il peut faire couler
l'eau en sens contraire; qu'il peut, pendant qu'elle
coule, la changer en argent; qu'il peut, dans un
moment, transporter un homme de l'orient à l'occident, de l'occident à l'orient, de la surface de la terre
au septième ciel, et le transporter de nouveau où il
était; que sa puissance est éternelle, *à priori* et *à pos-
teriori*; qu'elle n'est point postérieure à son essence.

7°. Que Dieu est doué de la parole; qu'il parle

mais non pas avec la langue comme nous; qu'il
parle à quelques-uns de ses serviteurs, sans aucun
intermédiaire, comme il a parlé à Moïse (sur qui
soit la paix), et à notre prophète Mahomet (que
Dieu lui soit propice et lui accorde le salut), la nuit
de son ascension au ciel et d'autres nuits; qu'il parle
à d'autres hommes par l'entremise de Gabriel: Dieu
en a usé ordinairement ainsi avec les prophètes.

8°. Que le Coran est la parole de Dieu; qu'il est
éternel et incréé (5).

9°. Qu'en résumé, ces sept attributs de Dieu très-
haut; la vie, la science, l'ouïe, la vue, la volonté,
la puissance et la parole sont éternels, qu'ils sont
inhérens à l'essence divine, et qu'ils ne sont suscep-
tibles ni de cessation, ni de changement.

10°. Que Dieu est doué de la vertu de créer, que
c'est lui qui crée toutes choses; qu'il n'y a de créateur que lui; qu'il produit les actions des hommes
et des animaux, leurs mouvemens, leur repos; qu'il
produit dans les hommes la piété, les fautes, le
bien, le mal, la foi, l'infidélité; que c'est lui qui
fait agir la main, qui fait parler la langue, ouvrir
et fermer les yeux; que c'est lui qui fait voler la
mouche, qui lui fait mouvoir les pates et qui produit le léger bruit qu'elles font; que c'est lui qui
nous fait exister et qui produit nos actions, qui
fait exister les animaux et qui produit aussi leurs
actions, qui est le créateur des cieux et de ce qu'ils
renferment, des terres et de ce qui est dessus.

Que c'est lui qui fournit à tous les êtres leur nourriture, qui fait mourir, qui fait vivre, qui envoie les maladies, qui donne la santé ; que c'est lui qui fait que, lorsque la main touche du feu, elle éprouve de la chaleur et se brûle ; et que lorsqu'elle touche de la neige, elle ressent du froid; qu'il peut faire qu'une personne qu'on aurait mise dans le feu, ne serve pas d'aliment au feu, comme Abraham, sur qui soit la paix, qui s'assit dans le feu de Nemrod et ne brûla pas (4) ; qu'il peut faire que quelqu'un couché sur de la neige, n'éprouve non-seulement pas de froid, mais qu'il sue, ou même qu'il brûle : toutefois, Dieu fait qu'ordinairement on se brûle en touchant le feu, et qu'on ressent le froid en touchant de la neige. Mais ce n'est point le feu qui brûle par lui-même, ni la neige qui fait éprouver la sensation du froid ; le Tout-Puissant seul opère ces effets.

Que c'est lui qui produit le rassasiement : s'il ne produisait point ce sentiment, l'on mangerait une quantité énorme de vivres sans être rassasié. Il en est ainsi de la faim et des autres choses, elles ont lieu de la même manière et n'arrivent point différemment. En un mot, tout est produit par Dieu.

CHAPITRE II.

DES ANGES.

En second lieu il faut confesser, 1°. que Dieu a des anges qui agissent par son ordre et qui ne sont point rebelles à ses volontés, ainsi que bien des hommes ; qu'ils ne mangent point et ne boivent point; qu'ils ne sont d'aucun sexe (5). Que parmi eux, on distingue ceux qui ont accès auprès du trône de Dieu et qui sont ses envoyés (6). Que chacun d'eux a des fonctions particulières ; que les uns sont sur la terre, les autres dans le ciel; les uns toujours debout , les autres à genoux ; que ceux-ci sont prosternés, que ceux-là chantent les louanges de Dieu. Que d'autres enfin sont chargés des hommes et écrivent leurs actions : on les nomme *anges gardiens* et *écrivains indulgens*.

2°. Que quelques anges sont doués d'une haute stature et d'une grande force, comme Gabriel (7), sur qui soit la paix : il descend dans une heure du ciel sur la terre; avec une de ses ailes, il peut soulever une montagne. C'est lui qui est le ministre des vengeances célestes.

3°. Qu'Azraïl (sur qui soit la paix) , est chargé de recevoir l'âme des hommes à leur dernier soupir, et qu'il reçoit toutes les âmes.

4°. Qu'Israfil (sur qui soit la paix) est chargé de sonner de la trompette (instrument qui ressemble à une grande corne), qu'il l'a actuellement en main et la tient embouchée, attendant l'ordre de Dieu très-haut. Qu'au moment où il en recevra l'ordre, il sonnera de la trompette, laquelle rendra un son très-fort qui s'entendra dans les cieux et sur les terres. Qu'il sonnera deux fois de la trompette; qu'à la première, tous les êtres vivans mourront, ce qui sera le commencement du dernier jour. Que le monde restera quarante ans dans cet état de mort. Qu'ensuite Dieu très-haut ressuscitera Israfil qui sonnera une seconde fois de la trompette, et qu'alors tous les morts ressusciteront.

CHAPITRE III.

DES LIVRES DE DIEU.

En troisième lieu, il faut confesser 1°. qu'il y a des livres de Dieu qui, par l'entremise de Gabriel, ont été envoyés du ciel aux prophètes qui sont sur la terre. Ces livres ne sont jamais envoyés qu'à des prophètes, et Gabriel ne vient visiter que les prophètes.

2°. Que le Coran (8) a été envoyé au prophète Mahomet (que Dieu lui soit propice et lui accorde le salut), fragment par fragment, dans l'espace de vingt-trois ans.

3°. Que le Pentateuque (9) a été envoyé au prophète Moïse, sur qui soit la paix.

4°. L'Évangile (10) au prophète Jésus, sur qui soit la paix.

5°. Le Pseautier à David, sur qui soit la paix.

6°. Que les autres livres ont été envoyés à d'autres prophètes.

7°. Que tous les livres de Dieu se montent à cent quatre (11), qu'ils sont tous vrais; que toutefois le sublime Coran qui est descendu du ciel le dernier de tous, doit être suivi, jusqu'au jour du jugement, dans les lois qu'il a établies. Qu'il ne peut être ni abrogé ni changé. Quelques lois des anciens livres révélés ont été abrogées par le Coran, et actuellement il n'est plus permis de les suivre.

CHAPITRE IV.

DES PROPHÈTES DE DIEU TRÈS-HAUT, ET DES SAINTS.

Ex quatrième lieu, il faut confesser 1°. qu'il y a des prophètes envoyés de Dieu sur la terre (12).

2°. Qu'Adam (sur qui soit la paix), lequel Dieu créa de terre, est le premier des prophètes et le père de tous les hommes. Que Dieu ayant dit aux anges de se prosterner devant Adam, tous le firent excepté Éblis (13), qui, ne s'étant point prosterné devant lui, fut maudit de Dieu et chassé du paradis; mais Dieu lui accorda la faveur de vivre jusqu'au jour de la résurrection. Qu'Éblis eut beaucoup d'enfans; que lui et ses enfans s'introduisent dans l'intérieur des fils d'Adam, et s'efforcent de les séduire d'une manière quelconque; mais qu'ils ne peuvent, par force, rendre personne ni infidèle, ni désobéissant à Dieu. Qu'ils tentent très-fortement les hommes : que chaque croyant doit les regarder comme des ennemis, et doit résister à leurs suggestions.

3°. Que le dernier des prophètes est Mahomet (14), sur qui soit la paix. Qu'entre Adam et Mahomet, un grand nombre de prophètes ont paru sur la terre (15). Que Dieu en connaît le nombre. Que

Mahomet, sur qui soit la paix, est le plus excellent
de tous, et que son peuple est le meilleur de tous
les peuples. Qu'il est notre prophète, que chacun
des prophètes venus avant lui a été envoyé à un
peuple différent, les uns avec des livres, les autres
sans livres; mais que Mahomet a été envoyé à tous
les hommes et aux génies mêmes (16); que sa loi
subsistera jusqu'à la fin du monde; que ses miracles
sont en grand nombre; que, de son doigt béni, il
a fait couler les eaux, il a divisé la lune en deux
parties; que les animaux, les arbres et les pierres
lui parlaient et lui disaient: « Tu es un prophète
véridique. »

4°. Qu'une nuit il fut transporté de la Mecque à
Jérusalem la ville bénie; que de là il monta aux
cieux; qu'il vit le paradis et l'enfer; qu'il s'entretint
avec le Très-Haut et qu'il le contempla (hormis ce
grand prophète personne au monde n'a vu Dieu et
personne ne le verra jamais; toutefois, en l'autre
vie, les croyans le verront dans le paradis, et con-
templeront son essence qui n'a aucun des accidens
de la matière); qu'ensuite il descendit des cieux, et
revint à la Mecque avant l'aurore; que ses autres
miracles sont en grand nombre; que le plus grand
de tous est le Coran (17); qu'aucune créature du
monde ne peut faire un chapitre semblable à un
des plus courts de ce livre divin. Il est en effet
dans l'ordre, que le Coran étant la parole de Dieu,
les créatures ne puissent rien faire de pareil.

5°. Mahomet (sur qui soit la paix) a épousé

plusieurs femmes, savoir : Khadijé, Aïscha (18) et d'autres (que Dieu soit content d'elles). Il a eu plusieurs fils, Casem, Abd'allah et Ibrahim (que Dieu soit satisfait d'eux), et plusieurs filles, Fatimé, Rokié, Zénab et Ommu-Kelthoum (que Dieu soit content d'elles). Il a eu tous ces enfans de Khadijé, hormis Ibrahim, qu'il eut d'une esclave nommée Marie : ils moururent avant lui, excepté Fatimé qu'il maria à Ali. Hassan et Houssaïn provinrent de ce mariage. Fatimé est la plus excellente des filles du Prophète, et elle est celle qu'il chérissait le plus.

6°. Notre prophète a reçu la révélation à l'âge de 40 ans, il est mort à l'âge de 63 ans. Il était né à la Mecque, il s'enfuit ensuite à Médine, et c'est là qu'il mourut. Il faut confesser qu'après lui aucun prophète ne doit venir, et qu'il est le sceau des prophètes.

7°. Il faut aussi reconnaître vraie l'excellence des saints (19), dont le rang est toutefois inférieur à celui des prophètes.

8°. Il faut confesser qu'Aboubekr (que Dieu en soit satisfait) est le plus excellent des saints (20) : il est le beau-père de Mahomet, à qui il donna sa fille Aïscha (que Dieu soit content d'elle). Le Prophète étant mort, il fut calife en sa place et son califat est juste.

9°. Qu'après Aboubekr, le plus excellent est Omar (que Dieu en soit content). Il fut calife après Aboubekr. Son califat est juste. Il avait marié sa fille Hafsé au prophète de Dieu.

10°. Qu'après Omar, le plus excellent est Othman (que Dieu soit content de lui). Il fut calife après Omar. Le Prophète lui avait donné en mariage deux de ses filles, l'une après l'autre (la première étant morte, il lui en avait donné une seconde) ; son califat est juste.

11°. Qu'après Othman, le plus excellent est Ali. Il fut calife après Othman. Son califat est juste (21).

12°. Que les autres compagnons du Prophète (22) se sont comportés avec justice et vérité ; que celui qui n'aime pas tous les compagnons du Prophète est un schismatique et un méchant (23). Nous les aimons, nous, et nous espérons leur intercession.

CHAPITRE V.

DE L'AUTRE VIE.

En cinquième lieu, on doit reconnaître 1°. que les tourmens du tombeau sont réels et certains; que les hommes étant décédés et dans la tombe, deux anges nommés *Monker* et *Nekir* viennent et interrogent le mort sur son Dieu, son prophète, sa religion, sa kibla (24), à quoi les croyans et les fidèles répondent : « Notre Dieu est Dieu, notre prophète, Mahomet (sur qui soit la paix); notre religion, l'islamisme; notre kibla, la Caaba (25); » que ces anges leur font alors goûter dans le tombeau divers genres de plaisirs; que les infidèles et les hommes irréligieux ne pouvant répondre, ces anges leur font souffrir diverses sortes de tourmens.

2°. Il faut encore confesser que tout ce que le prophète Mahomet a annoncé, concernant les signes du dernier jour, est vrai et arrivera sûrement; comme par exemple, l'apparition du Dejjal (26), la descente du ciel du prophète Jésus (sur qui soit la paix) qui le fera mourir, et qui se conformera à la loi de Mahomet; l'apparition de Mehdi (27) de la famille du Prophète, et sa réunion avec Jésus; l'apparition de Gog et Magog (28) et de la bête de la terre (29); le lever du soleil du côté de l'occident; etc. (30).

5°. Il faut encore confesser que tous les êtres vivans mourront, et qu'il n'en restera aucun en vie. Que les montagnes voleront dans l'air comme des oiseaux; que les cieux se dissoudront et tomberont. Que, quelque temps s'étant écoulé de cette manière, Dieu très-haut mettra de nouveau la terre en ordre et ressuscitera tous les morts. Qu'alors les hommes se lèveront dans une nudité absolue (51). Que les prophètes, les saints, les docteurs et les gens de bien trouveront sous leurs mains des habits et des chevaux du paradis; qu'ils se revêtiront des habits, monteront sur ces chevaux et iront s'asseoir à l'ombre du trône du Tout-Puissant. Que les autres hommes sur pied, affamés, altérés et nus se réuniront, se pressant les uns contre les autres; Que le soleil viendra à près d'un mille de leurs têtes, en sorte que, selon leur degré de culpabilité, ils seront en proie à une sueur étonnante; à quelques-uns elle viendra jusqu'à la cheville du pied, à d'autres jusqu'au genou, à ceux-ci jusqu'à la bouche, à ceux-là jusqu'au sommet de la tête, et ils seront forcés de rester dans la sueur. Qu'ils demeureront dans cet état l'espace de cinquante mille ans. Qu'alors les hommes recevront les livres, où les anges auront, dans ce monde, écrit leurs actions : on les remettra aux fidèles dans la main droite et aux infidèles dans la gauche ou même derrière le dos.

Que Dieu interrogera, sans intermédiaire, tous les hommes. Qu'il vengera sur l'oppresseur les droits

2

de l'opprimé; que si le premier a fait de bonnes œuvres, Dieu les prendra et les donnera à l'homme lésé : que s'il n'en a point fait, Dieu le chargera des fautes de l'opprimé.

4°. Qu'il sera dressé une balance où les bonnes et les mauvaises actions des hommes seront pesées. Que ceux dont les bonnes actions seront plus pesantes que les mauvaises, iront en paradis; que ceux, au contraire, dont les mauvaises actions seront plus pesantes que les bonnes iront en enfer, à moins que Dieu ne leur fasse miséricorde, ou que des prophètes, des saints ou des docteurs n'intercèdent pour eux, ce qui ne peut avoir lieu qu'à l'égard de ceux qui sont morts avec la foi. Les autres ne peuvent participer à aucune intercession, ni sortir de l'enfer.

Si quelqu'un dont les mauvaises actions sont plus pesantes que les bonnes, mais qui est mort dans la foi, va en enfer, Dieu ne lui pardonnant pas et personne n'intercédant pour lui, il brûlera dans ce lieu selon la quantité de ses crimes; mais ensuite il en sortira et entrera dans le paradis: celui qui meurt avec un atome de foi sortira nécessairement de l'enfer (52).

5°. Que le pont *Sirath* est plus affilé qu'une épée; qu'il est dressé au-dessus de l'enfer. Que tous les hommes doivent passer sur ce pont. Que les uns le franchiront comme l'éclair, les autres comme un cheval qui court, ceux-ci comme un cheval qui marche, ceux-là se traînant, le dos chargé de leurs

péchés, d'autres enfin tomberont et iront imman-
quablement en enfer.

6°. Que chaque prophète a une piscine où il doit
se désaltérer, avec sa nation, avant d'entrer dans le
paradis. Que le bassin de notre prophète est le plus
grand de tous; que d'un côté à l'autre il y a un mois
de marche; qu'il y a au bord plus de vases qu'il n'y
a d'étoiles au firmament. Que celui qui s'y désaltère
une seule fois n'a plus soif pour jamais. Que l'eau
en est plus douce que le miel et plus blanche que
le lait.

7°. Que le paradis et l'enfer (33) sont réels et certains; qu'ils existent actuellement. Que les élus
étant entrés dans le paradis, y demeureront toujours sans en jamais sortir (34). Que là ils ne mourront point, ne vieilliront point, n'éprouveront aucune espèce d'altération; qu'ils seront à l'abri des
besoins de cette vie; que leurs vêtemens ne s'use-
ront point. Que les houris et les femmes (35) seront
exemptes des infirmités de leur sexe; qu'elles n'auront point d'enfans. Que les élus auront de suite les
mets et les boissons qu'ils désireront sans avoir besoin de s'en mettre aucunement en peine. Que la
terre du paradis est de musc, et que les briques de
ses édifices sont l'une d'or, l'autre d'argent.

Que les infidèles et les démons étant entrés dans
l'enfer, y resteront pour toujours sans en sortir
jamais. Qu'ils seront tourmentés par des serpens
aussi épais que le cou des chameaux, par des scorpions aussi gros que des mulets bâtés, par le feu et

par de l'eau bouillante. Que leurs corps brûleront et que, lorsqu'ils seront réduits en charbon, Dieu très-haut les vivifiera de nouveau et leur fera croître une nouvelle peau pour les livrer à de nouveaux tourmens. Que leurs tortures ne finiront jamais et qu'ils ne mourront jamais. Dieu nous préserve d'un pareil malheur !

CHAPITRE VI.

DE LA PRÉDESTINATION ET DE LA PRÉMOTION.

Il faut encore confesser que le bien, le mal, que tout enfin, a lieu par l'effet de la prédestination et de la prémotion de Dieu. Que tout ce qui a été et tout ce qui sera est décrété dans l'éternité et est écrit sur la table conservée (36). Que rien no peut y être contraire. Que la foi du croyant, la piété de l'homme pieux et les bonnes œuvres sont prévues, voulues, prédestinées, décrétées par écrit sur la table conservée, produites, agréées et aimées de Dieu ; mais que l'incrédulité des infidèles, l'irréligion des indévots et les mauvaises actions arrivent bien avec la prévoyance de Dieu, avec sa volonté, par un effet de sa prédestination consignée sur la table conservée, et par l'opération de Dieu ; mais non point avec sa satisfaction et son affection. Que Dieu prévoit, veut, produit, aime, agrée la foi, la piété et tout ce qui est bien ; mais qu'il n'aime point et n'agrée point l'infidélité, l'irréligion et tout ce qui est mal ; bien qu'il prévoie, qu'il veuille et qu'il opère ces différentes choses. Si l'on demande pourquoi Dieu les produit et pourquoi il les veut, on

doit répondre que Dieu très-haut en produisant le
mal et en le voulant, en formant le diable, en le laissant vivre jusqu'au jour de la résurrection et en lui
donnant le pouvoir de tenter les hommes, en créant
les infidèles, les hommes irréligieux, et en opérant
leur infidélité et leur irréligion ; que Dieu, dis-je,
en voulant tout cela a des vues de sagesse, qu'il ne
nous est point donné de connaître. Personne ne
doit s'enquérir de ce que Dieu veut, lui seul a le
droit de faire de pareilles questions.

Il faut donc croire à Dieu très-haut, à ses anges,
à ses livres, à ses prophètes, à la résurrection ;
enfin il faut croire que le bien et le mal ont lieu
par la prédestination de Dieu, par sa volonté et
par son opération.

CHAPITRE VII.

DE LA FOI ET DE LA RELIGION.

1°. La foi et l'islamisme sont une seule et même chose. L'une et l'autre consistent à croire de cœur et à confesser de bouche, que tout ce que Mahomet, sur qui soit la paix, nous a communiqué de la part de Dieu, est véritable. C'est ce dont nous venons de faire mention.

2°. La religion et le culte sont une seule et même chose ; c'est tout ce que le prophète Mahomet nous a communiqué de la part de Dieu ; soit ce qui concerne la foi, soit ce qui concerne les pratiques extérieures.

Il suffit de croire en somme aux articles de la foi ; il n'est pas nécessaire de pouvoir les exposer en détail. La foi de celui qui, sans être instruit de la doctrine musulmane, se contente de faire ce qu'il voit pratiquer aux fidèles, est vraie. Si quelqu'un connaît les choses dont la croyance est obligatoire et qu'il en soit persuadé, sans être capable de les exposer de lui-même, en détail, on doit interpréter en bonne part cette incapacité.

Le croyant qui a fait de grands crimes, comme s'il a tué un homme, s'il a commis la fornication, etc. ne cesse pas d'être du nombre des musulmans, pourvu qu'il ne dise point que ces crimes sont permis.

Si le croyant meurt sans s'être repenti d'un grand péché, Dieu peut permettre qu'il meure dans sa grâce et lui pardonner ses fautes, autrement il le livre aux tourmens, en proportion de son crime, et le place ensuite dans le paradis.

Dieu n'impose pas à ses serviteurs ce qu'ils ne peuvent faire (57).

Si l'on dit à un fidèle : Es-tu croyant ? Il doit répondre : « Je suis vraiment croyant », et non point : « Si Dieu veut » (58). Si on lui dit : « Mourras-» tu dans la foi », il doit dire : « Je ne le sais point, » mais Dieu le sait » ; car c'est une chose qu'on ne peut connaître.

Dieu ne pardonne ni le polythéisme ni l'infidélité : il pardonne s'il le veut les autres crimes.

Il n'est pas permis de dire de quelqu'un, *Il est mort avec la foi*, ou, *Il mourra avec la foi*, ou bien, *Il ira en paradis*, parce que nous n'en savons rien. Ceci n'est point applicable aux prophètes ni à ceux dont les prophètes ont parlé comme Aboubekr, Omar, Othman, Ali (Que Dieu soit content d'eux) : l'on peut assurer qu'ils sont dans le paradis.

Il n'est point permis non plus de dire de quelqu'un, *Il est mort dans l'infidélité*, ou, *Il mourra dans l'infidélité*, ou bien, *Il ira en enfer*. On doit excepter de cette règle ceux dont Dieu ou les prophètes ont parlé, tels que sont Satan, Abou-lahab (39), Abou-gehel (40), etc. : l'on peut assurer qu'ils sont en enfer.

Il est permis de faire la prière pour chaque fidèle mort, qu'il ait été bon ou méchant.

Il est permis à chaque croyant de faire la prière derrière un iman (41) bon ou méchant ; mais il est méritoire de la faire derrière un iman qui soit bon. C'est une chose blâmable que de suivre un iman méchant.

Il n'est point permis de tirer l'épée contre les rois quelque tyrans qu'ils soient.

Prier pour les morts, leur est utile. Faire des aumônes, lire le Coran, pratiquer d'autres bonnes œuvres et en appliquer le mérite aux morts, est également utile à leurs âmes. Ceux qui sont persuadés de cette doctrine sont vraiment croyans et orthodoxes.

§ Ier.

DES RITS.

Il faut que chaque homme connaisse le rit qu'il suit dans la foi et dans les pratiques extérieures (42).

Si l'on demande à quelqu'un de quel rit il est quant à la croyance, il doit répondre qu'il est sunnite et orthodoxe, et dire : « Je crois comme a cru le prophète de Dieu, ses compagnons et les orthodoxes (croyance conforme à ce que nous avons exposé jusqu'ici); » qu'il ajoute, que le rit des sunnites et des orthodoxes repose sur la certitude, et que tous les autres rits sont faux.

Si l'on demande à quelqu'un de quel rit il est, quant aux pratiques extérieures, il doit dire, qu'il est de celui de l'iman Abou-Hanifah (que Dieu soit content de lui); mais il ne faut pas qu'il dise : « Le rit d'Abou-Hanifah est bon, les autres rits sont faux »; mais : « Le rit d'Abou-Hanifah est bon généralement parlant; toutefois il peut s'y rencontrer quelques erreurs. Les autres rits sont généralement parlant dans l'erreur, quant aux questions où ils sont en contradiction avec Abou-Hanifah; mais il peut s'y rencontrer des choses vraies. »

Pour concevoir ceci, il faut savoir que Dieu tout-puissant a fait à ses serviteurs des commandemens et des défenses, soit par le moyen du Coran, soit par la bouche de son prophète. Que toutes ces choses sont ou d'obligation divine ou d'obligation canonique ou criminelles ou blâmables ou indifférentes; qu'enfin le Prophète a déclaré que des usages étaient de pratique imitative, et que d'autres étaient de surérogation.

§ II.

OBLIGATIONS, PROHIBITIONS.

1°. On nomme *articles d'obligation divine*, les préceptes que des preuves non douteuses nous attestent venir certainement de Dieu, comme ceux du Coran. Celui qui omet ce qui est d'obligation divine ira en enfer. Celui qui ne croit point à ces articles obligatoires, est infidèle. Les préceptes d'obligation divine sont : la croyance en Dieu, etc., le devoir de l'ablution et de la lotion, la prière des cinq heures canoniques, le jeûne du *Ramazan*, l'obligation aux riches de donner aux pauvres la dîme de leurs revenus, le pèlerinage de la Mecque (43).

2°. On nomme *articles d'obligation canonique*, les préceptes, que des preuves douteuses seulement, nous font connaître venir de Dieu. Celui qui ne les observe pas, mérite d'être puni. Celui qui ne croit pas à ces articles d'obligation canonique, n'est point infidèle.

La prière nommée *Witr* (44), l'obligation aux pèlerins riches de faire un sacrifice lors du grand *Beyram*, et de donner une aumône lors du *Beyram* qui termine le jeûne, sont des articles d'obligation canonique (45).

3°. Ce qui est indifférent, c'est ce qui n'est ni

méritoire, ni criminel comme, par exemple, s'asseoir, marcher, se coucher.

4°. Ce qui est criminel, c'est ce que Dieu a défendu (46). Celui qui se le permet mérite les tourmens de l'enfer. Par exemple, tuer quelqu'un, commettre la fornication, manger ou boire les restes
d'un chien (47).

5°. On nomme blâmable, l'action qui n'expose pas
celui qui l'a commise à être puni ; mais à être réprimandé, et à être privé d'intercession. Par exemple, manger de la chair de cheval.

6°. Les articles de pratique imitative sont ce que
le prophète de Dieu a fait ordinairement. Celui qui
en omet la pratique ne mérite pas d'être puni ;
mais il mérite d'être réprimandé et d'être privé d'intercession. Par exemple, l'usage du cure-dent, la
prière en commun, la circoncision des enfans (48),
le repas lorsqu'on se marie (49).

7°. Les pratiques surérogatoires sont celles que
le prophète de Dieu a accomplies une ou deux fois,
ou ce qu'il a déclaré être méritoire. Celui qui n'observe point ces usages n'est exposé ni à la punition, ni à la réprimande, ni à être privé d'intercession ; mais il y a du mérite à suivre ces pratiques. Par exemple, réciter des prières qui ne sont
ni d'obligation, ni de tradition, faire des aumônes et se soumettre à des jeûnes du même genre.

Toutes ces choses se trouvent consignées dans le
livre de Dieu (le Coran), ou dans le recueil des traditions du Prophète ; mais les unes sont manifestes

et chacun les comprend, les autres sont obscures, et les docteurs et les gens d'esprit seulement en ont l'intelligence; aussi Dieu très-haut a-t-il ordonné aux docteurs de faire tous leurs efforts pour expliquer les obscurités de son livre et des paroles de son prophète, de régler leur conduite en conséquence, et d'enseigner aux hommes ces explications, afin de se rendre dignes de grandes récompenses. Si un docteur se trompe, il est excusable et ne commet point de faute. Ceux qui ne peuvent parvenir au degré d'instruction de ces docteurs doivent suivre l'un d'eux et agir conformément à ce qu'il aura dit. Ils seront également excusables et ne feront pas de faute, s'ils suivent un docteur qui s'est trompé.

On pourra demander pourquoi les compagnons mêmes du Prophète, n'ont pas formé les divers rits de l'islamisme. Mais il faut savoir qu'après que le prophète de Dieu, sur qui soit le salut et la paix, eut quitté le monde, ses compagnons regardant comme fort important de faire des conquêtes, s'y appliquèrent et tirèrent à ce sujet, du livre de Dieu, bien des décisions. Toutefois, ils ne purent les écrire, et ils n'avaient pas besoin de le faire; car la plupart d'entr'eux étant *mujtéhids* (50), agissaient au besoin avec les connaissances qu'ils tenaient de la bouche même de Mahomet. D'ailleurs, à cette époque, il n'y avait pas beaucoup d'événemens parmi les hommes, et l'on demandait rarement des décisions. Après la mort des compagnons du Prophète,

l'islamisme s'étant propagé au loin, les événemens
se multiplièrent, et en même temps l'ignorance
se répandit. Les docteurs de ce temps-là se virent
donc forcés de s'attacher exclusivement à tirer du
Coran et du recueil des traditions du Prophète, des
décisions qu'ils écrivirent. Les efforts de chacun de
ces docteurs furent proportionnés à ses facultés in-
tellectuelles. Ces savans expliquèrent aux hommes
ce qu'ils avaient compris, et leur laissèrent par écrit
ces explications.

Les musulmans ont tous suivi l'un de ces docteurs.
Les uns Abou-Hanifah, les autres Schafeï, ceux-ci
Malek, ceux-là Ahmed (ben-Hanbal): les uns So-
fian-Thouri, les autres Davoud-Thaher (51), etc.,
et ils ont, jusqu'à ce jour, agi d'après ces imans. La
croyance de tous ces docteurs est la même : ils sont
sunnites et orthodoxes ; mais, dans quelques pratiques du culte extérieur, l'un est en contradiction
avec l'autre. C'est Dieu qui permet ces différences
d'opinions; elles ne produisent aucun mal. Qui que
ce soit de ces docteurs que l'on suive, on le peut
licitement; et au jour de la résurrection on ira en
paradis. Si le *mujtéhid* que l'on suit s'est trompé,
on n'est point coupable.

Dans ces contrées-ci (l'empire Ottoman), le rit
d'Abou-Hanifah (que la miséricorde de Dieu repose
sur lui) est celui qui est dominant. Les habitans de ce
pays ont choisi Abou-Hanifah pour leur iman, parce
qu'il est le plus ancien des fondateurs des rits orthodoxes. Il naquit l'an 80 de l'Hégire (699 de J.-C.)

et mourut l'an 150 (767). Ses disciples sont les docteurs Abou-Youssouf, Mohammed, Zofar et d'autres (que Dieu soit content d'eux) : ils sont aussi *mujtéhids*. Sur divers points ils sont en contradiction avec leur maître; mais, comme ils le suivent dans ce qu'il y a d'essentiel, on ne les considère pas comme ayant formé un rit différent, mais bien un même rit.

Ceux qui suivent le rit d'Abou-Hanifah peuvent, dans certaines choses, agir d'après le sentiment de ces docteurs.

L'iman Schafeï (que Dieu lui fasse miséricorde) naquit l'année de la mort d'Abou-Hanifah. Les autres docteurs ci-dessus mentionnés lui sont tous postérieurs (52).

§ III.

DES VICES.

Les vices dont il faut s'attacher à purifier son cœur sont :

Le jugement téméraire contre les fidèles. C'est-à-dire, qu'il ne faut point penser, d'après une preuve légère, que quelqu'un a commis une désobéissance à la loi, ou une mauvaise action; mais au contraire on doit, autant que possible, interpréter tout en bien.

L'hypocrisie. vice qui consiste à ambitionner les biens du monde au moyen de la dévotion. Il faut surtout se garder de lire la parole de Dieu (le Coran) pour un salaire.

L'envie, vice qui consiste à désirer que quelqu'un perde des biens dont il connaît la valeur et dont il fait un bon usage ; que ces biens soient de l'argent, de la science, de l'autorité, des emplois, de la santé, des enfans. Mais si le possesseur de ces biens n'en connaît pas la valeur, souhaiter qu'il les perde, n'est point envie, c'est zèle. Par exemple : désirer que quelqu'un qui serait fort riche et qui emploierait ses richesses à des actions criminelles, ou qu'un autre qui serait très-savant et qui emploierait sa science à se procurer de l'argent et des places administratives ; désirer, dis-je, que ces personnes perdent leur argent et leur science, dont ils font un mauvais usage, c'est une chose permise. Il est aussi permis de souhaiter d'avoir les mêmes avantages qu'un autre sans désirer que cet autre perde ceux qu'il possède. On nomme ce sentiment, *émulation*.

L'orgueil, vice qui consiste à se considérer comme meilleur qu'autrui. C'est le vice de Satan, qui dit : « Je suis meilleur qu'Adam (53) ». On ne saurait trop se prémunir contre ce vice.

La complaisance pour soi, ce qui consiste à considérer ses œuvres et sa piété comme provenantes de soi-même, sans faire attention qu'elles n'ont lieu que par la grâce et par la bonté divine.

La haine, vice qui consiste à avoir de l'aversion et à être fâché contre quelqu'un au sujet de choses temporelles. Mais si l'on n'aime pas cette personne parce qu'elle aurait commis des injustices, qu'elle aurait fait des actions irréligieuses ou contraires à la loi, la haine devient alors louable et se nomme, *colère en Dieu.*

L'amour du monde, vice qui consiste à désirer de jouir des plaisirs que ce monde nous offre, et à faire des efforts pour augmenter ces jouissances désirées. Ce vice est le principe de tous les péchés. Le monde est le séjour du malheur ; espérer y prendre du plaisir c'est folie. Les vraies jouissances ne seront que dans le ciel. C'est vers cette habitation qu'il faut diriger tous les désirs de son cœur.

L'amour du commandement. Ce vice consiste à souhaiter, dans des vues purement humaines, d'avoir une place importante, telle que celle de cazi (juge), de professeur, de vaez (prédicateur), etc. Mahomet, l'ami de Dieu, a dit que de pareilles vues ambitieuses portent à la vertu de quelqu'un plus de dommage, que trois loups n'en portent parmi des moutons.

L'espoir exagéré. Il consiste à se persuader que l'on vivra long-temps et à aimer à vivre beaucoup pour jouir des plaisirs du monde. Mais il est permis de désirer une longue vie pour exercer plus long-temps les actes de piété.

Suivre aveuglément les passions du cœur, vice qui consiste à faire tous ses efforts pour acquérir ce que l'âme désire en fait de mets, de vêtemens, d'édifices, de femmes, etc.

Craindre la pauvreté, être chagrin des décrets de Dieu, aimer et désirer les louanges et les félicitations, se fâcher par rapport à des choses temporelles.

Enfin il est indispensable d'éloigner de son cœur l'opiniâtreté (vice qui consiste à connaître la vérité, à la repousser et même à regarder comme un opprobre de l'admettre), l'avidité, la gourmandise, l'avarice.

Il ne faut pas non plus honorer les riches pour leurs richesses, mépriser les pauvres, chercher à connaître les fautes cachées du prochain, manquer de bonne foi à l'égard d'un dépôt, tromper quelqu'un, ni chasser de son propre cœur la crainte et la terreur de l'autre vie.

On ne doit jamais perdre de vue les motifs qui nous font un devoir de fuir les vices, et l'on sentira combien il est essentiel d'en purifier son cœur. Toutefois cela ne suffit pas, il faut encore travailler à acquérir les vertus opposées aux vices dont on se sera corrigé.

§ IV.

DES VERTUS.

Les vertus dont on doit s'appliquer à orner son cœur, sont :

La patience, c'est-à-dire supporter les événemens fâcheux, les peines, les maladies et les accidens sans s'en affliger ni s'en plaindre à personne.

S'abandonner à Dieu, c'est-à-dire s'en remettre absolument à lui pour tout. Lorsqu'on désire obtenir de Dieu une grâce, pourvu que l'objet en soit bon, il faut dire : «O mon Dieu! daigne m'accorder cette grâce, » évitant avec soin de s'exprimer d'une manière impérative.

La reconnaissance envers Dieu, c'est-à-dire reconnaître les bienfaits du Très-Haut et lui offrir en retour nos adorations et nos hommages. L'expression de la reconnaissance consiste proprement à confesser qu'il nous est impossible de rendre à Dieu des actions de grâces dignes de lui.

La crainte de Dieu, l'espérance en sa miséricorde, la résignation à sa providence, l'aversion pour les vanités du monde. User le moins possible des plaisirs de la vie, être généreux, confesser que tout dépend de la grâce de Dieu, se livrer en conséquence sans orgueil à l'exercice des vertus, se souvenant qu'on ne les pratique que par un effet de la bonté de Dieu.

La sincérité, c'est-à-dire pratiquer le bien, dans la seule vue de plaire à Dieu, sans y mêler aucun intérêt temporel ni mondain.

La confiance, c'est-à-dire s'appuyer sur Dieu pour tout ce qui concerne la subsistance, et non point sur son propre travail, sur ses richesses, sur ses forces, sur le *cazi*, sur le *cazi-esker*, etc. (54).

L'humilité, qui consiste à se regarder comme inférieur à tous.

Donner de bons conseils, toujours bien penser d'autrui, pardonner les manquemens auxquels on aurait été exposé, résister aux désirs de la concupiscence, s'occuper de ses propres fautes, détourner

son attention de celles d'autrui , se rendre à la vérité. Ne point considérer comme une honte de reconnaître ses fautes ; s'en repentir, c'est-à-dire en
être fâché, et former, avec la crainte de Dieu , la
résolution de n'en plus commettre dorénavant aucune. Si l'on a fait quelque tort au prochain, il faut
le réparer. Si l'on a omis un devoir envers Dieu ,
il faut le remplir ou se soumettre à une peine expiatoire (55). Il faut aussi remplir ce qu'avait manqué d'observer celui qui est mort , et se soumettre
aux peines expiatoires auxquelles il aurait manqué
de se soumettre.

On doit enfin s'attacher fortement à la piété ;
car rien n'est au-dessus de cette vertu , et sans elle
les meilleures actions ne sont point agréables à Dieu.
La piété consiste à éviter avec le plus grand soin
de commettre des fautes. Ceux qui désirent l'acquérir doivent garder des péchés leurs sept membres ,
de crainte qu'ils ne deviennent pour eux les sept
portes de l'enfer. Ces sept membres sont : Les
oreilles, les yeux, la langue, les mains, les pieds ,
le ventre et les parties sexuelles.

S V.

PÉCHÉS DES DIFFÉRENS MEMBRES.

1°. Il faut d'abord se garder des péchés qui ont lieu au moyen de l'oreille : ainsi il ne faut écouter aucun instrument de musique (56), ne point prêter l'oreille au mensonge, à la médisance, à des discours obscènes ; ne point entendre *chanter* des prières (57), le Coran, des vers, etc.

2°. Il faut éloigner ses yeux des choses dont la vue est prohibée.

Il est défendu à tout fidèle de quelque sexe qu'il soit, de regarder du nombril au genou les hommes.

Il est défendu à la femme de regarder, du nombril au genou, une personne de son sexe.

Il est également défendu au fidèle du sexe masculin de regarder, du nombril au genou, les femmes pour lesquelles il est *mahrem* ; il ne doit pas même en regarder le dos et le ventre. Les femmes pour lesquelles on est *mahrem* sont : La fille, la petite-fille, la mère, l'aïeule, la sœur, la nièce, la tante soit maternelle, soit paternelle, la belle-mère, la fille de la belle-mère, la mère-nourrice, la sœur de lait (58). Quant aux femmes, autres que les susdites, le fidèle du sexe masculin ne peut, sans se rendre coupable, en regarder autre chose que le visage, la paume de la main et les pieds, qu'il soit dirigé par la passion ou non, que la femme soit belle ou laide, qu'elle soit jeune ou âgée, et que celui qui la regarde soit jeune ou vieux. Il est même défendu à tout fidèle de regarder avec passion une personne de quelque sexe qu'elle soit et quelque partie du corps que ce soit.

La femme légitime et l'esclave (59) sont exceptées des règles précédentes : il est permis de les voir sans aucun voile.

On doit aussi s'abstenir de regarder, par les fentes des portes ou par un trou, dans l'intérieur de la maison de quelqu'un, ainsi que de regarder d'un œil de mépris les musulmans.

3°. On doit éviter de mettre la main sur les choses qu'il est défendu de toucher, de frapper quelqu'un hors de propos, de s'emparer de la nourriture de qui que ce soit, de toucher sans nécessité ce qui est essentiellement immonde, comme un animal mort, des excrémens humains, etc.

4°. Quant aux péchés dont le ventre est l'instrument, il faut se garder de ce qui est défendu, blâmable et douteux. Lorsqu'on achète quelque chose à la mesure ou au poids, il n'est pas permis de le manger avant de l'avoir mesuré ou pesé.

5°. Les péchés dont les parties sexuelles sont les instrumens, péchés qu'il faut soigneusement éviter, sont : la fornication, le péché contre nature, avoir commerce avec sa femme pendant le temps des infirmités périodiques, ainsi que pendant les couches, etc.

6°. Quant aux pieds; il faut se garder d'aller dans de mauvais lieux, d'entrer dans la propriété d'autrui sans sa permission, de donner sans sujet des coups de pied à quelqu'un ; de gâter son tapis, sa natte, la couverture de sa selle ou autre chose à lui appartenante.

7°. Enfin quant à la langue ; on ne doit point mentir. Il ne faut dire du mal de qui que ce soit ; c'est-à-dire : on ne doit point parler des défauts de quelqu'un en son absence, ne point le critiquer, etc. : l'attaquer sur des défauts qu'il a, c'est une médisance; s'il ne les a pas, c'est une calomnie, ce qui est encore plus criminel.

Il faut éviter soigneusement de se moquer de personne ; de se louer soi-même ; de dire des paroles obscènes, ce qui consiste à nommer par leur nom les choses honteuses; de molester ou de reprendre quelqu'un hors de propos ; de violer un traité que l'on aurait fait ; d'aller contre ses promesses ; etc. (60).

§ VI.

DE L'INFIDÉLITÉ.

Il faut se garder aussi on ne peut plus fortement de parler contre Dieu et contre la religion. Si quelqu'un se permet une pareille faute, il perd tout le mérite de ses bonnes œuvres; s'il est marié, son mariage est dissous, et l'usage qu'il ferait du mariage dans cet état est fornication; il peut être mis licitement à mort (61), et son cadavre doit être considéré comme celui d'un animal. Ce qu'il fait dans cette position comme prières et autres actions, n'est point fait d'une manière licite. Il a beau articuler, d'après l'usage, la profession de foi, sa foi n'est point réputée vraie tant qu'il ne revient pas du blasphème qu'il aura proféré, et qu'il n'en sera pas repentant. Toutefois nier qu'on ait blasphémé équivaut, dit-on, à regretter de l'avoir fait.

Lorsque celui qui se sera rendu coupable d'infidélité viendra à s'en repentir, il devra être considéré comme un nouveau musulman et sera obligé de renouveler la cérémonie de son mariage : s'il a fait auparavant le pèlerinage de la Mecque, il sera également obligé, si c'est possible, de le renouveler ; car les bonnes actions antérieures à un discours blasphématoire étant annulées elles ne peuvent plus compter lorsqu'ensuite on se repent.

Il convient donc que chaque croyant récite matin et soir cette prière : « O Dieu, j'ai recours à toi pour que tu me préserves de t'assimiler jamais rien au monde, tandis que je sais que tu es au-dessus de tout. Je te demande pardon des fautes que je ne connais pas, ô toi qui connais les choses les plus secrètes. »

Nous savons par tradition que le prophète a assuré que Dieu préserve de blasphème la langue de celui qui fait avec persévérance cette prière. On doit même la répéter trois fois dans le jour ; pratique qui nous a été également transmise par la tradition.

Il faut aussi chaque jour renouveler pour ainsi dire sa foi par ces mots : « O mon Dieu, si je viens à me rendre coupable de quelque infidélité, je m'en repens d'avance. J'appartiens à la religion musulmane. Je crois à tout ce que Mahomet, sur qui soit la paix, nous a révélé de ta part ; et je confesse que c'est certain et véritable. Je crois au Très-Haut ; je crois à tout ce qui nous est venu de sa part, adoptant le sens que Dieu a eu en vue. Je crois aux prophètes et à tout ce qui nous est venu d'eux, d'après le sens qu'ils ont eu en vue (62). »

Les discours blasphématoires sont en grand nombre. Nous nous contenterons d'exposer ici ceux qu'on se permet le plus ordinairement.

C'est blasphémer que de dire : *O mon Dieu, ne me refuse pas ta miséricorde !*

Si quelqu'un dit : *Le jugement de Dieu sur cette*

chose est tel, et qu'une autre personne dise : *Connais-je le jugement de Dieu ?* ces paroles sont un mépris du jugement de Dieu, et en conséquence une infidélité.

Si quelqu'un dit : *Je crois à tous les prophètes ; mais je ne sais pas si Adam est prophète ou s'il ne l'est pas*, il est infidèle.

Si quelqu'un ignore que Mahomet, sur qui soit la paix, est le dernier des prophètes, cet homme n'est point musulman.

On pense généralement qui si quelqu'un dit : *Quoique les paroles des prophètes soient vraies et justes, toutefois je m'en suis affranchi*, il est infidèle. Je crois en effet que si l'on dit ces mots en doutant de la vérité des paroles des prophètes, c'est un blasphème.

On pense encore généralement que si quelqu'un dit à une autre personne : *Rase-toi la tête et coupe-toi les ongles, attendu que c'est de tradition apostolique*, et que cette personne réponde : *Je ne le ferai point*, cette parole est un blasphème.

On ajoute qu'il en est de même pour toutes les autres traditions ; surtout pour celles qui sont connues, et dont la vérité est solidement établie et d'une manière successive, comme par exemple, *l'usage du cure-dent*.

Pour moi, je pense que, si l'on tient ce langage en refusant d'admettre cet usage comme traditionnel, c'est une infidélité ; mais si on a l'intention de dire : « Je n'agis pas d'après ton ordre, mais

parce que c'est une tradition du Prophète de Dieu, »
il est évident que ce n'est point un blasphème ;
tel est le sentiment de bien des théologiens.

La même distinction a lieu, lorsqu'on dit à quelqu'un : *Fais ta prière*, et que celui-ci répond : *Je
ne la ferai pas.*

Si un percepteur d'impôts croit que les impôts
sont la propriété du sultan, il est infidèle.

Dire à quelqu'un : *Si Dieu me donnait une place
dans le paradis, je ne l'accepterais pas sans toi*,
ou bien : *Si Dieu me commandait d'aller en paradis avec un tel, je n'irais pas*, ou encore : *Si Dieu
m'accordait le paradis à cause de toi, je n'y
entrerais pas*, ou enfin : *Si Dieu me donnait le
paradis, je ne le voudrais point, mais je voudrais
voir ton visage*, c'est se rendre coupable d'infidélité.

On pense généralement que si quelqu'un dit que
la foi éprouve de l'augmentation ou de la diminution, c'est une infidélité : pour moi je suis d'avis
que si celui qui s'exprime ainsi veut dire que les
objets de la croyance éprouvent des changemens,
c'est une infidélité ; mais que ce n'en est point une,
s'il veut parler de la foi considérée par rapport à
ceux qui croient ; car bien des docteurs des premiers
siècles de l'Islamisme parlent de l'augmentation et
de la diminution de la foi.

On pense aussi que si quelqu'un dit : *Il y a deux
kiblas, la caaba et le temple de Jérusalem* (65),
c'est une infidélité : pour moi je crois que, dire

qu'il y a actuellement deux *kiblas*, c'est une infidélité; mais que si l'on dit : « Jérusalem fut d'abord la *kibla* ; mais elle cessa ensuite de l'être, et fut remplacée par la caaba; » il est évident que ce n'est point une infidélité.

Si quelqu'un hait un membre du corps des *ulémas* (64) ou le reprend sans cause, il est à craindre que ce ne soit une infidélité.

Si quelqu'un dit : *Faire du mal vaut mieux qu'étudier en droit et en théologie*, c'est un blasphème (65).

Croire que les actions des infidèles sont bonnes, c'est une infidélité.

Si quelqu'un dit : *Je suis musulman par la grâce de Dieu*, sans pouvoir expliquer ce que ces mots signifient, il est infidèle.

Dire à quelqu'un : *Dieu a eu besoin de ton enfant*, c'est une infidélité.

Si une femme se ceint les reins avec une corde noire, qu'on lui dise ensuite : « Qu'est-ce que c'est que cette ceinture ? » et qu'elle réponde : *C'est un zonnar* (66), cette femme est infidèle et son mari ne peut plus avoir commerce avec elle.

On pense généralement que si quelqu'un dit, en prenant un mets défendu : *Au nom de Dieu, etc.* (67), il est infidèle. Toutefois je crois que c'est une infidélité seulement lorsqu'on prononce cette formule en prenant, avec connaissance de cause, une nourriture essentiellement prohibée, comme, par exemple, le vin (68), la chair et la graisse d'un animal mort de mort naturelle etc., attendu que c'est mépriser le nom de Dieu. D'après la tradition de nos Imans, si quelqu'un prend malgré lui une nourriture, et qu'il dise : *Au nom de Dieu, etc.*, ce n'est pas une infidélité. Du reste, Dieu très-haut sait mieux que nous ce qu'il en est.

Les docteurs ne sont pas d'accord pour savoir si un homme est infidèle pour faire une imprécation contre un autre en disant : *Que Dieu très-haut s'empare de ton âme dans un état d'infidélité.* Les *ulemas* reconnaissent tous ce principe, que c'est être infidèle que de consentir à sa propre infidélité ; mais consentir à l'infidélité d'autrui, c'est, selon quelques-uns, une infidélité absolue, et, selon d'autres, il faut, pour tomber dans l'infidélité, l'approuver réellement dans autrui. Si l'on consent à ce que des tourmens éternels et violens soient décernés à l'injustice et à la méchanceté, ce n'est point une infidélité. Je suis persuadé de la vérité de cette dernière opinion ; car le Coran en renferme une preuve dans l'histoire de Moïse, sur qui soit la paix (69)!

L'opinion des savans est de même partagée pour savoir si celui-là se rend coupable de blasphème, qui dit : *Dieu sait que je n'ai point fait une telle chose*, tandis que lui-même sait qu'il l'a faite. Ce qu'il y a de plus certain, c'est qu'il se rend coupable d'infidélité ; car, selon moi, pour peu qu'on y réfléchisse, on voit évidemment que par-là il attribue à Dieu une ignorance crasse.

On pense communément que si deux personnes contractent mariage, sans témoins, en disant : *Dieu et le Prophète sont nos témoins*, l'homme et la femme sont infidèles ; car c'est dire que le Prophète connaît ce qui est caché ; or, durant sa vie, il n'avait point cette connaissance, comment peut-il l'avoir étant mort.

Si quelqu'un dit : *Je connais où sont les choses volées et perdues*, il est infidèle, ainsi que celui qui croit à ces paroles ; et si le premier dit : *Les génies me font savoir ce que je dis, et c'est par-là que j'en suis instruit*, il est également infidèle ; parce que les génies ne connaissent point ce qui est caché ; Dieu seul, et ceux à qui il veut bien le communiquer, le connaissent.

Si quelqu'un veut faire à une autre personne un serment en invoquant le nom de Dieu, et que cette personne lui dise : *Je ne veux pas recevoir ton serment par le nom de Dieu, mais je veux que tu jures par le divorce et l'affranchissement* (70), les docteurs ne sont point d'accord pour savoir si c'est un blasphème.

Si quelqu'un dit à un autre : *Ton visage ressemble au visage de celui qui recevra mon âme*, les docteurs ne sont également point d'accord pour savoir si c'est un blasphème ; mais la plus grande partie d'entre eux disent que c'en est un, parce que celui qui reçoit les âmes est un ange éminent de Dieu très-haut (71) ; et que faire peu de cas d'un ange, c'est une infidélité.

Si quelqu'un dit que c'est une bonne chose que de ne pas prier, il est infidèle.

Si l'on dit à quelqu'un : *Fais ta prière*, et qu'il réponde : *Prier, c'est une chose qui m'est pénible*, il est infidèle.

Si quelqu'un dit : *Dieu, qui est dans le ciel, me voit*, cet homme est infidèle, car il fixe ainsi à Dieu un lieu de résidence; or Dieu n'occupe point de place.

Si quelqu'un dit que le Prophète de Dieu, sur qui soit la paix, se léchait les doigts en mangeant chaque mets, et qu'une autre personne dise : *C'est un manque d'éducation*, cette personne est infidèle.

Dire : *La nourriture nous vient de Dieu, mais il faut que nous agissions*, c'est parler, dit-on, en polythéiste; car l'action de l'homme vient également de Dieu.

Si quelqu'un dit : *Il vaut mieux être chrétien que d'être juif*, il est infidèle. Il faut s'exprimer ainsi : *Les juifs valent moins que les chrétiens*.

Abou-Casem (72), sur qui soit la miséricorde de Dieu, assure que celui qui dit qu'il vaut mieux être infidèle que d'user de perfidie, est lui-même infidèle.

Si quelqu'un donne l'aumône d'un bien mal acquis, espérant s'en faire un mérite auprès de Dieu, et que le pauvre qui la reçoit, sachant que cette aumône provient d'une source illégitime, fasse toutefois des vœux pour celui qui lui donne, et que celui-ci réponde : *Amen*, on assure que l'un et l'autre sont infidèles.

Si quelqu'un dit : *Qu'ai-je affaire des assemblées scientifiques*, ou bien : *Qui peut pratiquer ce que disent les docteurs*, ou encore : *Quel mal y a-t-il de fouler aux pieds les décisions juridiques* (73), cet homme est infidèle.

Si quelqu'un nomme notre souverain actuel *juste*, il est infidèle (74).

Si l'on dit à quelqu'un : *Viens, recourons à la justice*, et que celui-ci réponde : *Je ne le ferai point à moins que l'huissier ne me conduise*, ou qu'il dise : *Quelle loi connais-je ?* il est infidèle ; mais si on lui dit : *Allons trouver le juge*, et qu'il réponde : *Je n'irai point que l'huissier ne m'y mène*, il n'est point infidèle.

Si quelqu'un blasphème, et qu'une autre personne rie, celui qui rit est aussi infidèle, à moins qu'il ne rie malgré lui.

Si l'on dit : *Il n'y a aucun lieu où Dieu ne soit présent* (75), on est infidèle.

Si quelqu'un dit que les âmes des *Cheiks* sont présentes, il est infidèle.

Dire : *Je n'aime pas la loi*, c'est être infidèle.

D'un commun accord, c'est être infidèle que de dire : *Si le prophète Adam, sur qui soit la paix, n'eût pas mangé du blé* (76), *nous ne serions pas malheureux*. Mais si l'on dit : *Nous ne serions pas dans ce monde*, les docteurs ne sont pas d'accord pour savoir si, en disant ces mots, on se rend coupable d'infidélité.

On pense encore que si quelqu'un dit : *Le prophète Adam faisait de la toile,* et qu'une autre personne ajoute : *Nous sommes donc fils d'un tisserand;* cette dernière personne est infidèle (77).

Si quelqu'un fait une petite faute, qu'une autre personne lui dise : *Repens-t-en,* et que le premier réponde : *Qu'ai-je fait pour m'en repentir?* il est infidèle.

Si deux personnes sont en discussion, qu'une des deux dise à l'autre : *Viens, allons nous instruire auprès des docteurs de la loi sur ce qui fait le sujet de notre dispute,* et que celle-ci réponde : *Eh! quel éclaircissement en retirerai-je?* elle est infidèle; car c'est faire peu de cas de la science.

Si quelqu'un dit que ce qui est expressément défendu, comme par exemple : le vin, la chair de porc, etc. est permis, ou que des choses permises sont défendues, cet homme est infidèle.

Désirer que ce qui est défendu dans toutes les religions et que la saine raison réprouve, soit permis, c'est infidélité; comme par exemple la fornication, manger lorsqu'on est rassasié, etc. Mais désirer, dit-on, que le vin soit permis; ce n'est pas être infidèle.

Enfin c'est une infidélité que d'employer dans la conversation, et au milieu de la plaisanterie, l'auguste Coran, comme par exemple, si l'on dit à un homme nommé *Jean : Jean, prends le livre* (78).

§ VII.

DIVERS AVIS.

Il faut observer fidèlement ce que Dieu a commandé.

Faire les prières que l'on aurait omises ; donner aux pauvres les dîmes que l'on aurait négligé de leur donner ; se soumettre aux jeûnes prescrits que l'on aurait manqué d'observer ; enfin s'acquitter du pèlerinage si on ne l'a pas fait.

Prendre les connaissances religieuses et morales que chaque fidèle est obligé d'avoir.

Fréquenter les assemblées des *Oulemas* et agir d'après la décision de ceux qui, soit dans la théorie, soit dans la pratique, méritent la confiance, et non pas indifféremment d'après la décision du premier venu.

Ne point assister aux réunions musicales ; refuser d'écouter *chanter* les louanges de Dieu, l'*i-zan* (79), le Coran et les prières.

Ne jamais manquer d'accompagner le nom excellent de Dieu d'une formule de bénédiction, comme *qu'il soit exalté, qu'il soit béni, qu'il soit vénéré et glorifié, louange à lui, que sa grandeur éclate.*

Faire pareillement suivre d'une prière les noms augustes du prophète de Dieu et des autres prophètes. Dans le discours écrit, tracer ces formules

tout au long, et ne point se contenter de mettre
une simple indication.

Quand on nomme quelqu'un des compagnons du
Prophète, ajouter, *que Dieu soit content de lui*; et
après le nom d'un des docteurs et des cheiks, *que
la miséricorde de Dieu soit sur lui.*

Honorer ses professeurs, ne point marcher devant eux, si ce n'est pour les guider; ne point
commencer à parler avant eux, et ne pas parler
beaucoup lorsqu'on le fait en leur présence; avoir
pour eux toutes sortes d'égards; avoir grand soin
de faire en toute circonstance ce qui leur est
agréable, ne leur résister jamais, et quand même
ils vous frapperaient ou se mettraient en colère
contre vous, le prendre en bonne part et ne point
s'en offenser; enfin respecter les personnes qui
sont dans leur dépendance.

Faire des vœux pour que l'empereur des musulmans soit juste et équitable et pour qu'il triomphe
de ses ennemis; ne point faire d'imprécation contre
lui, en disant : *C'est un tyran.*

Aller voir ses parens, et ne point cesser d'être
lié avec eux. Avoir toutes sortes de respect pour son
père et pour sa mère; ne point leur parler en éle-
vant la voix; ne point les regarder avec colère; leur
obéir, quelque chose qu'ils ordonnent, si cependant
ce n'est point contraire à la loi de Dieu; supporter
avec patience leur mauvaise humeur, et même leurs
coups; ne point s'opposer à eux; avoir égard à
leurs goûts; lorsqu'on se nourrit d'un mets qu'ils

aiment, ne pas manquer de leur en donner; subvenir, autant que possible, à leurs besoins.

Aimer tous ses frères, leur pardonner les défauts qu'ils peuvent avoir. Recommander de faire le bien et d'éviter le mal. Ne tromper jamais, mais savoir repousser la malveillance par des paroles conciliantes.

Éviter de beaucoup rire et de beaucoup parler. Ne point faire l'usure; ne point seconder les usuriers, ne leur servir ni de témoin ni d'écrivain. Observer scrupuleusement la loi, soit dans la vente, soit dans l'achat ou dans toutes les espèces de trafics.

Ne faire ni les fonctions d'iman, ni l'annonce de la prière, n'enseigner ni le Coran ni la théologie pour un salaire.

Ne point aller sans nécessité à la porte (80) du Sultan, du cazi-esker, du cazi, du bey (81).

Faire les prières en commun. Ne point laisser les pratiques fondées sur une tradition sûre; prendre garde de ne point donner dans des innovations (82).

Commencer ses prières par les louanges de Dieu, et par des vœux pour le prophète. Faire mention dans ses prières de tous les croyans, et nommément de son père, de sa mère, de ses maîtres, et de ses frères et sœurs; prier avec humilité et à demi-voix. S'humilier devant Dieu; confesser ses fautes et les pleurer; demander au Très-Haut la direction dans la voie du salut, le pardon, la santé, son bon plaisir et sa grâce; dans la crainte de perdre la foi, demander toujours une bonne fin ; remercier constamment Dieu du bienfait de l'Islamisme.

No pas manquer d'instruire, sur la religion, ses enfans et ses femmes ; les empêcher de faire ce qui est contraire à la loi.

Ne pas envoyer ses épouses à la maison de quelqu'un qui n'est pas *mahrem* pour elles, non plus qu'aux noces, aux bains publics (83) ; ni visiter ni complimenter ceux qui sont étrangers à la famille. Ne pas obtempérer aux discours de ses femmes dans les affaires importantes ; s'accorder de temps en temps, avec elles, soit en ce qui concerne l'ordre de la maison, soit sur la nourriture ; vivre avec elles en bonne harmonie, fermant les yeux sur bien des choses, pourvu qu'elles ne désobéissent pas (84).

Ne revêtir les petits garçons ni de robes, ni de bonnets, ni de ceintures de soie (85) ; ne leur teindre de *hinna* (86) ni les mains ni les pieds.

Faire commencer à prier ses garçons et ses filles à l'âge de sept ans. Si, parvenus à l'âge de dix ans, ils ne font pas leurs prières, il faut les battre.

Si on a des élèves, il faut en user de même envers eux.

Enfin on doit sans cesse demander pardon à Dieu, et avoir sur la langue ces mots : *Je remercie Dieu de sa grâce, je lui demande pardon de toutes mes fautes* (87).

§ VIII et dernier.

PROFESSION DE FOI ET PRIÈRES.

Profession de foi.

Les prières vocales sont pour Dieu, les prières corporelles et aumônières sont aussi pour Dieu. Salut et paix à toi, ô prophète de Dieu ! Que la miséricorde et les bénédictions de Dieu soient aussi sur toi. Salut et paix à nous et à tous les serviteurs de Dieu, justes et vertueux ! Je confesse qu'il n'y a point d'autre Dieu que Dieu : je confesse que Mahomet est son serviteur et son prophète (88).

Prière pour Mahomet.

O mon Dieu ! sois propice à Mahomet et à la race de Mahomet, comme tu l'as été à Abraham et à la race d'Abraham, et bénis Mahomet et la race de Mahomet comme tu as béni Abraham et la race d'Abraham ; ô toi que chaque créature loue et glorifie (89) !

Prière à Dieu (sana vé istiftah.)

O mon Dieu ! je t'adresse mes louanges. Que ton nom soit béni, que ta grandeur soit exaltée : il n'y a point d'autre Dieu que toi (90).

Autre prière. (*Counout.*)

O mon Dieu! nous demandons ton assistance, ta miséricorde et ta direction dans la voie droite. Nous croyons en toi; nous recourons à toi; nous nous confions en toi : nous reconnaissons que tout le bien vient de toi. Nous te rendons grâces; nous sommes bien loin de méconnaître tes bienfaits; nous nous humilions devant toi; nous abandonnons et rejetons ceux qui ne se soumettent pas à tes volontés.

O mon Dieu, c'est toi que nous adorons, c'est toi que nous invoquons et devant qui nous nous prosternons. Nous dirigeons vers toi nos vœux et nos hommages. Nous implorons ta clémence; nous craignons les tourmens dont tu nous menaces, ces tourmens affreux qui doivent punir les méchans (91).

O Dieu! conduis-moi dans le vrai chemin, au milieu de ceux que tu y conduis; conserve-moi sain et sauf parmi ceux que tu conserves. Préserve-moi de tout malheur au milieu de ceux que tu préserves. Répands tes bénédictions sur ce que tu m'as donné. Garantis-moi du mal qui arrive par ta volonté; car tu ordonnes ce qui te plaît, et personne n'a sur toi la moindre autorité. Celui que tu protéges ne tombe point dans l'avilissement; au contraire, celui que tu hais ne parvient point à l'honneur. Sois à jamais béni, ô notre Seigneur; sois exalté, ô mon Dieu! J'ai recours à la bonté contre ta colère, à ton pardon

contre la punition que je crains pour mes fautes;
j'ai recours à toi contre toi-même. Je ne puis te
louer dignement : toi seul as pu te louer toi-même.

Dix petites prières qui se répètent sept fois.

1°. Le 1er. chapitre du Coran (92). 2°. Le verset
nommé *El-corsi.* 3°. *Dis : ô infidèles*, etc. 4°. Le
chapitre du Coran intitulé, *Chapitre du culte
sincère* (93). 5°. Les deux oraisons jaculatoires,
Louange à Dieu et *Gloire à Dieu.* 6°. *Il n'y a de
Dieu que Dieu, et Dieu est le plus éminent des
êtres* (94). 7°. *Il n'y a de force et de puissance
qu'en Dieu très-haut, très-grand* (95). 8°. Ô Dieu!
répands tes bénédictions sur Mahomet et sois-lui
propice, ainsi qu'à sa race. 9°. O Dieu, pardonne-
moi mes péchés, pardonne ceux de mon père, ceux
de ma mère et ceux de tous les croyans. 10°. O mon
Dieu, fais pour nous et pour tous les musulmans,
soit à présent, soit à l'avenir, soit dans ce monde, en fait de biens spirituels et temporels, soit
dans l'autre; fais, nous t'en conjurons, ce qui est
digne de ta bonté et de ta miséricorde; n'agis
pas envers nous, et envers tous les musulmans,
ô notre Seigneur, d'après ce que nous méritons.
Exauce notre prière, ô toi qui es miséricordieux,
doux, bon, généreux et clément.

NOTES.

(1) C**ETTE** courte préface de l'auteur est en arabe, d'après l'usage généralement adopté en Turquie. L'arabe et le persan sont les langues savantes des Turcs, comme chez nous le grec et le latin. La connaissance de l'arabe est indispensable pour lire le Coran, qui est écrit dans cette langue, et qui n'a jamais été traduit en Turc, et les commentaires de ce livre les plus estimés, etc. La connaissance du persan est moins nécessaire ; mais toutes les personnes dont l'éducation a été soignée la possèdent.

Il est d'ailleurs indispensable de connaître l'arabe et le persan pour comprendre les ouvrages turcs ; car on y rencontre à chaque instant non-seulement une foule de mots arabes et persans que l'usage a peu à peu introduits ; mais des phrases entières, des vers, etc. ce qu'on ne saurait entendre sans posséder ces langues. Les auteurs qui se piquent de bien écrire affectent même, assez souvent, d'exprimer leurs idées sous trois formes parfaitement synonymes, en arabe, en persan et en turc.

Bien des personnes qui ne connaissent pas les langues orientales, croient que l'arabe, le persan et le turc ont la même analogie qu'ont, par exemple, l'italien, l'espagnol et le portugais. Au contraire, cés langues ont trois origines toutes différentes. La première est un idiome sémitique ; là deuxième, un idiome indien ; et la troisième, un idiome tartare.

L'excellent ouvrage de M. Abel Rémuzat, intitulé, *Recherches sur les langues tartares*, a reculé bien loin les bornes de nos connaissances sur ces langues. Il ne fallait rien moins que son profond savoir et sa critique éclairée, pour traiter avec succès une matière aussi difficile.

(2) Le porc est, selon les musulmans, un animal immonde dont le fidèle ne doit jamais se nourrir.

(3) L'opinion de l'incréation du Coran a été attaquée à plusieurs reprises. Plusieurs khalifes se déclarèrent avec tant d'exagération contre cette opinion, qu'ils firent souffrir des tourmens cruels aux docteurs qui soutenaient avec courage l'orthodoxie musulmane. Du nombre de ces docteurs fut le célèbre Ahmed ben-Hanbal, fondateur de l'un des quatre rits orthodoxes. Voyez des détails curieux à ce sujet dans le *Tableau de l'Empire ottoman*, de Mouradgea d'Ohsson, tom. I, pag. 90 et suiv., édit. in-8°.

Les schiites dont la secte est la plus dominante en Perse, n'admettent pas l'incréation du Coran. On donne généralement à tous les hétérodoxes musulmans ce nom de schiites, mais spécialement aux partisans exagérés d'Ali, c'est-à-dire aux musulmans qui ne reconnaissent pas la légitimité des trois premiers khalifes.

(4) Tradition musulmane.

(5) Tous les docteurs musulmans déclarent for-
mellement, d'après le Coran, xxxvii, 150 et suiv.,
que les anges ne sont d'aucun sexe; comment donc
peut-on avoir accusé les musulmans de faire les
anges femelles?

(6) Cette classe, la plus éminente parmi les
anges, est formée de quatre archanges dont il sera
fait mention plus bas.

(7) Le commentaire turc d'Ahmed ben-Mohammed Amin porte : « Les Juifs détestent Gabriel,
» sur qui soit la paix. Les têtes rouges (les otto-
» mans nomment ainsi les Persans à cause du bon-
» net rouge que leurs soldats portent) le détestent
» aussi. Ils prétendent que Dieu très-haut ordonna
» à Gabriel de porter à Ali le don de prophétie;
» mais que Gabriel se trompa et le porta à Maho-
» met. Dieu nous garde de croire une pareille er-
» reur, etc. »

(8) Quoique nous ayons deux traductions fran-
çaises du Coran, cet ouvrage est peu connu. Il ne
peut d'ailleurs être goûté qu'en arabe, et encore
faudrait-il que les versets de ce livre fussent dans
leur ordre naturel, et qu'on n'y trouvât pas des
répétitions fatigantes; car on sait que Mahomet n'a point annoncé le Coran tel que nous l'a-
vons maintenant : sa rédaction ne date que de la
treizième année de l'hégire, la deuxième de la
mort du prophète. Ce fut Aboubekr qui fit recueil-

lir par Zéid, secrétaire de Mahomet, les fragmens du Coran. Celui-ci rapprocha les versets qui ont entre eux quelque analogie, observant surtout de placer ensemble ceux qui sont terminés par une même rime. Il eut encore soin de mettre d'abord les versets clairs et intelligibles, et de rejeter à la fin ceux qui présentaient un sens obscur; aussi les premiers chapitres du Coran sont-ils bien plus faciles à entendre que les autres. La division en chapitres est postérieure. Les premiers sont très-longs (*); ceux qui suivent le sont moins, et enfin les derniers sont très-courts. Chacun de ces chapitres porte en titre un des mots des premières lignes ou un des plus saillans du chapitre. Ainsi l'un se nomme *Chapitre de la vache*, l'autre *de la fourmi*, celui-ci *de l'abeille*, celui-là *de la fumée*, etc. Le Coran est à la fois le code religieux et civil des musulmans. Il contient des histoires du temps passé; des lois morales, religieuses et civiles; des prières et des louanges de la divinité; enfin les argumens dont se servit Mahomet pour établir sa mission.

(1) Mouradgea d'Ohsson, sur l'autorité d'Ahmed-Efendi, cite (*Tabl. de l'Emp. ott.*, tom. 1, pag. 194) les passages du Pentateuque dont les musulmans

---

(*) Le premier de tous fait une exception, mais ce chapitre est une sorte d'introduction à tout l'ouvrage. Les musulmans l'ont toujours à la bouche. Il est chez eux ce qu'est le *Pater* chez les chrétiens. J'aurai plus bas occasion de le citer.

étayent la mission de Mahomet. Les voici : 1°. Dieu dit à Abraham : « J'ai exaucé tes vœux pour *Is-* » *maël.* Je le bénirai, je multiplierai extrêmement » sa race; douze princes sortiront de lui, et je le ren- » drai chef d'un grand peuple. » Gen., XVII, 20. « 2°. Dieu a paru à *Sinaï,* il s'est montré à *Séïr,* il » s'est manifesté à *Pharan.* » Deut, XXXIII, 2. Ce qui désigne évidemment, disent les musulmans, le Pentateuque donné sur le mont Sinaï, l'évangile donné sur le mont Séïr, et le Coran sur Pharan, nom générique de toutes les montagnes qui enve- loppent la Mecque. 3°. Enfin Dieu dit à Moïse : « J'élèverai au milieu d'eux un de leurs frères, un » prophète comme toi, dans la bouche de qui je » mettrai mes paroles. » Deut., XVIII, 18.

J'ajouterai à ces trois textes un quatrième passage cité par Prideaux, *Vie de Mahomet,* p. 260 : il est tiré d'Isaïe, XXI, 7. « Il vit le chariot de deux cava- liers, un chariot d'ânes et l'autre de chameaux. » Par le premier de ces cavaliers, les musulmans entendent Jésus-Christ, qui entra dans Jérusalem sur une ânesse, et par le second Mahomet, parce que c'est la coutume des Arabes de se servir de chameaux.

(10) On trouve des traductions arabes, persa- nes et turques de l'Évangile, dans les bibliothèques publiques de Constantinople, ainsi qu'on peut voir dans Toderini, *Letteratura Turchesca* (*). Les mu-

_____

(*) Puisque je cite *Toderini,* je ne puis m'empêcher de

sulmans étayent aussi de ce livre la mission de
leur prophète, en lui appliquant les passages où il
est question du *Paraclet* (*), quoique, fondés sur le

---

dire combien la traduction française qu'en a donnée l'abbé de
Cournand est infidèle. Sans parler des mots orientaux qui y
sont totalement estropiés, et de plusieurs noms d'auteurs
européens connus et célèbres, également défigurés, la traduction contient bien des contre-sens qui en rendent souvent la
lecture inintelligible. L'auteur a toujours traduit *assai* par
assez sans s'embarrasser du sens : c'est ainsi qu'on lit, entre
autres exemples que je pourrais citer, t. 11, p. 95 « La bibliothèque de la mosquée *royale* du sultan Bajazet II, est
assez postérieure au temps où ce prince a vécu, puisqu'elle
fut établie plus de deux siècles et demi après la mort de cet
empereur ». Il fallait traduire « est très-postérieure, etc. »
Le traducteur a toujours rendu *per* par *pour*, comme on
peut voir, entr'autres, t. 1, p. 235 où on lit : « Cette célèbre
sonate... j'ai trouvé... qu'elle se conserve encore pour tradition. » Il faut « par tradition. »
   Voici quelques-unes des phrases inintelligibles qui défi-
gurent cette traduction. T. 11, page 18 : « Une mosquée si
somptueuse ne devait point manquer de son *médressé*. » Il
fallait dire : « manquer d'avoir » ou mieux « Il était naturel
qu'une mosquée si somptueuse eût un *médressé*. » Ibid. p. 177 :
« Ces deux alcorans sont venus de mosquée. » Il y a dans
l'italien « de la Mecque. » Il serait facile de faire d'autres
citations. D'ailleurs je ne sais pourquoi le traducteur français
a très-souvent omis les notes de l'auteur italien.

   (*) Ils prétendent qu'au lieu de περίκλυτος, il faut lire περίκλυτος
mot qui, comme Mohammed (Mahomet), signifie, *illustre*,
recommandable, etc.

Coran, ils accusent les chrétiens d'avoir altéré l'É-
vangile, de même qu'ils accusent les juifs d'avoir
falsifié et corrompu le Pentateuque et le Psautier.

En Europe on a imprimé plusieurs fois l'Évangile
en turc. Dès 1666, Seaman le donna à Oxford, et
de nos jours la société biblique de Russie et celle
de Londres en ont publié deux différentes traductions. Le Nouveau-Testament turc de la société biblique de Londres a été imprimé à Paris à l'imprimerie royale, par les soins du savant et modeste interprète du Roi, M. le chevalier Kieffer. On ne
saurait donner trop d'éloges à ces hommes *dévorés
du zèle de la maison de Dieu*, qui veulent faire
participer à la connaissance de l'Évangile toutes
les nations de la terre. La propagation de ce saint
livre pourra peut-être un jour réunir tous les hommes à une même croyance, ou du moins les rap-
procher par les liens de la plus douce et de la plus
pure morale qui ait jamais été enseignée.

(11) Aux quatre livres révélés dont il est fait mention dans le texte, les docteurs musulmans en
ajoutent encore cent. Selon la tradition musulmane,
dix de ces livres ont été donné à Adam, cinquante
à Seth, trente à Enoch, et dix à Abraham.

(12) Je saisis cette occasion pour dire un mot du
système qu'a suivi Mahomet en prêchant l'Islamisme. Il disait : « Qu'il n'y avait jamais eu et qu'il ne
» pouvait y avoir qu'une seule véritable religion ;
» que, quoique les lois particulières ou les céré-

» monies soient seulement à temps et sujettes au
» changement, conformément à la direction de la
» Providence, cependant la substance de la religion
» étant une vérité éternelle, elle ne pouvait être
» changée, mais demeurait toujours la même ; et
» il enseignait que toutes les fois que cette religion
» avait été négligée ou corrompue dans l'essentiel,
» Dieu avait bien voulu donner de nouveaux aver-
» tissemens au genre humain par divers prophètes,
» entre lesquels Moïse et Jésus ont été les plus dis-
» tingués jusqu'à la venue de Mahomet, qui était
» comme le sceau des prophètes ; et qu'on n'en de-
» vait attendre aucun autre après lui. » Sale, *Obs.*
hist. et crit. sur le Mahométisme.

D'après son système tous les prophètes et Jésus-
Christ lui-même ont professé l'Islamisme, bien que
leurs lois et leurs institutions n'aient pas été les
mêmes.

(13) C'est-à-dire, Satan. Le commentateur turc
fait observer qu'Éblis n'a pas été précisément maudit pour avoir refusé de se prosterner devant Adam;
mais parce que ce refus était une désobéissance for-
melle envers la divinité.

(14) On a débité sur Mahomet tant de fables ridicules, qu'il n'est pas étonnant que quelques-unes
ne soient pas encore tombées dans l'oubli ; ainsi
bien des gens sont persuadés que Mahomet était
attaqué d'épilepsie et qu'il avait dressé une colombe
à s'approcher de son oreille pendant ses accès,

afin que l'on crût qu'elle lui annonçait les révé-
lations de Dieu.

J'invite les personnes qui désireront connaître
l'histoire de Mahomet et tout ce qui y a rapport,
à lire l'article qui le concerne dans la *Biographie*
de M. Michaud.

(15) On tient de Mahomet que leur nombre se
monte à cent vingt-quatre mille. Les musulmans
rangent dans cette classe tous les patriarches de
l'ancienne loi, ils donnent même à quelques-uns
d'entr'eux des titres particuliers. Ainsi ils nomment
Adam, *le pur en Dieu* ; Seth, *l'envoyé de Dieu* ;
Énoch, *l'enlevé par Dieu* ; Noé, *le sauvé par Dieu* ;
Abraham, *l'ami de Dieu* ; Ismaël, *le sacrifié en*
Dieu (*) ; Joseph, *le sincère en Dieu* ; Job, *le patient*
en Dieu ; Moïse, *la parole de Dieu* ; Salomon, *l'af-*
fidé en Dieu ; Jésus-Christ, *l'esprit de Dieu* (**) ;
enfin Mahomet, *le prince des prophètes* : ils lui
donnent aussi plusieurs autres titres.

(*) Les musulmans appliquent à Ismaël ce que Moyse dit
du sacrifice d'Isaac.

(**) Il n'est pas inutile de faire observer que les musulmans
admettent la conception immaculée de Jésus-Christ dans le
sein de la vierge Marie, et même la conception immaculée de
sainte Marie ; ainsi qu'on peut le voir dans le Coran, III, 37 et
XIX, 20. Hosséin vaëz, commentateur persan du Coran, s'exprime en termes formels. « Il n'y a eu, dit-il, que Marie et
« son fils Jésus qui aient été garantis et préservés de l'at-

5

(16) Sous cette dénomination, les orientaux comprennent les bons et les mauvais anges, et même les géans qui ont fait la guerre aux hommes dans les premiers temps; mais ils donnent ce nom, avec une signification plus restreinte, aux esprits qui tiennent une espèce de milieu entre les bons et les mauvais anges. C'est de ces derniers qu'il est ici question; il y en a de fidèles et d'infidèles.

Le commentateur turc a soin de faire observer que Salomon commandait aux génies; mais qu'il ne s'en suit pas qu'il fût prophète à leur égard.

(17) « Tel, pour savoir lire un peu d'arabe, sou-
» rit en feuilletant l'Alcoran, qui, s'il eût entendu
» Mahomet l'annoncer en personne dans cette
» langue éloquente et cadencée, avec cette voix
» sonore et persuasive, qui séduisait l'oreille avant
» le cœur, et sans cesse animant ses sentences de
» l'accent de l'enthousiasme, se fût prosterné contre
» terre, en criant : Grand prophète envoyé de Dieu,
» menez-nous à la gloire, au martyre : nous vou-
» lons vaincre ou mourir pour vous. » J.-J. Rousseau, *Essai sur l'origine des langues.*

Quoique Mahomet appartînt à la tribu la plus

» touchement de Satan (c'est-à-dire du péché originel). »
Les musulmans, fondés sur le Coran, pensent que Jésus-
Christ n'a pas été crucifié. Les Juifs, disent-ils, crurent le
crucifier; mais Dieu l'enleva au ciel et lui substitua un corps
fantastique.

distinguée parmi les Arabes, il ne savait ni lire ni
écrire; ce qui n'est pas étonnant, puisqu'à l'époque
où il commença à prêcher l'islamisme, il n'y avait
à la Mecque qu'un seul homme qui sût écrire. Toutefois le Coran est un modèle de style, tant pour la
pureté que pour la majesté de l'expression. Il est en
prose poétique et rimée, et non pas en vers comme
l'a dit Savary. Dans ce livre Mahomet défie ses adversaires d'écrire aussi bien que lui, et il donne sa
victoire littéraire en preuve de sa mission.

Les musulmans ne manquent pas de citer bien
des miracles de leur Prophète, toutefois il déclare
hautement dans le Coran, qu'il est seulement chargé
de rétablir le culte du vrai Dieu, et non point de faire
des prodiges. Malgré cette déclaration, on lui en
demanda plusieurs fois en preuve de sa mission, et
à ce prix ses adversaires lui offraient d'embrasser
l'Islamisme. « Ils refusent de croire, disent-ils, lit-
» on dans le Coran, jusqu'à ce que des merveilles
» semblables à celles qu'ont opérées les prophètes,
» aient attesté une mission divine ; et s'ils voyaient
» des miracles, ils les attribueraient aux effets de la
» magie. Les cieux et la terre ne leur en offrent-ils
» pas sans nombre ? Endurcis comme ils le sont,
» quand le Coran ferait mouvoir les montagnes,
» quand il partagerait la terre en deux et ferait
» parler les morts, ils ne le croiraient pas. » Trad.
de Sav. Voyez l'excellent ouvrage de M. le M*. de
Pastoret, intitulé : *Zoroastre, Conf. et Mah.*
pag. 254.

(18) L'épouse bien-aimée de Mahomet. Elle n'avait que 9 ans lorsque le Prophète se maria avec elle. Elle fut veuve à l'âge de 20 ans, et survécut à son époux 48 ans qu'elle passa dans la continence.

Mahomet avait pris un soin particulier de son éducation, et elle était devenue la plus polie et la plus savante de ses compatriotes. Elle s'était acquis une si grande réputation, qu'après la mort du Prophète, on l'honora du titre de *Prophétesse*. On avait recours à elle dans les difficultés sur la religion, sur les lois, etc; pour savoir quel avait été le sentiment de Mahomet, etc. Une grande partie des traditions sont tirées de ses réponses, etc.

Aïscha fut accusée d'adultère avec un jeune officier musulman; mais elle parvint à persuader au Prophète, qui en était éperdument amoureux, qu'elle n'était point coupable. Comme cette aventure avait fait du bruit, Mahomet publia quelques versets du Coran pour déclarer son innocence, etc. Voyez la surate 24e.

On prétend que la haine qu'elle avait pour Ali provenait de ce qu'il avait découvert cette infidélité à Mahomet, son cousin et son beau-père. Il est certain qu'on la vit montée sur un chameau, à la tête de 30,000 hommes, livrer bataille à ce malheureux Khalife, que ses partisans exagérés ont été jusqu'à diviniser.

(19) Parmi leurs saints, les musulmans comptent

saint Jean-Baptiste, saint George, les sept dormans, etc.

(20) Aboubekr nommé le sincère et le prédestiné, fut le premier qui se fit musulman après la prédication de Mahomet. On ne sera peut-être pas fâché de savoir qu'il disait n'avoir jamais pris une seule dragme d'aucun Musulman; et n'avoir tiré du trésor de l'état que ce qui était nécessaire pour l'entretien d'un chameau qui lui portait de l'eau, et d'un esclave abyssin qui le servait.

(21) Le vrai khaliphat, c'est-à-dire la réunion dans une même personne, de l'autorité spirituelle et temporelle, par l'effet d'une élection libre, n'a duré selon les musulmans, que 30 ans, c'est-à-dire durant le gouvernement des quatre premiers khaliphes.

Lorsque le vrai khaliphat eut cessé, pour distinguer l'autorité ecclésiastique de la civile, on consacra le nom d'*iman* (*) ou de *pontife*, pour désigner la première, et celui d'*émir*, prince, et plus tard de *sultan*, empereur, pour désigner la seconde. Voyez des détails curieux sur cette matière et sur *les douze imans* de la race d'Ali, dans d'Herbelot, *Bib. or.*, au

_____

(*) Le mot d'*ima* a bien des acceptions différentes. Il signifie d'abord, celui qui préside l'assemblée, qui fait la prière en commun; on le donne ensuite aux docteurs de la loi musulmane, et enfin au chef spirituel des musulmans.

mot *iman*, et dans Mouradgea d'Ohsson, *Tableau de l'Empire ottoman*, tom. 1, pag. 250 et suiv., édit. in-8°.

(22) On nomme *compagnons de Mahomet*, les musulmans de son temps qui se sont rendus illustres par leur doctrine, par leur valeur, par leurs dignités, etc.

(23) Ces mots sont dirigés contre les Persans, qui parlent mal des trois premiers khaliphes ainsi que d'Aïscha, épouse de Mahomet.

(24) Les musulmans nomment *kibla* le côté vers lequel on se tourne pour prier. Ils se tournent toujours du côté de la Mecque, et ils ont même des boussoles pour connaître la position de cette ville, lorsque dans leurs voyages ils traversent des déserts. On a soin de pratiquer dans les mosquées une espèce de niche pour indiquer la position géographique de la Mecque.

(25) La Caaba est le temple de la Mecque où les musulmans vont en pèlerinage : on le nomme aussi *Maison de Dieu*. C'est, disent les musulmans, le premier des temples consacrés à l'adoration du Très-Haut. Après qu'Adam se fut réconcilié avec Dieu, portent les traditions musulmanes, des anges vinrent dresser sur le sol qu'occupe aujourd'hui la Caaba, une tente qu'ils avaient transportée du Paradis terrestre. Seth éleva ensuite dans ce lieu un

édifice en pierres pour le culte de l'Éternel. Enfin Abraham, aidé d'Ismaël, construisit de nouveau ce temple, et institua le pèlerinage qui n'a pas cessé d'avoir lieu depuis cette époque jusqu'à nos jours. Cet édifice sacré est toujours couvert d'une étoffe de soie noire où sont brodés différens passages du Coran : c'est ce qu'on nomme *le voile de la Caaba.*

Ce n'est donc point le tombeau de Mahomet que l'on va visiter à la Mecque, ainsi que bien des gens le croient encore, mais ce sanctuaire vénéré de tout temps par les Arabes.

Le tombeau de Mahomet est à Médine. Il est vrai que bien des pèlerins vont le visiter en revenant de la Mecque ; mais c'est une pratique de surérogation. Il n'est point suspendu en l'air par la vertu d'une pierre d'aiman (*) ; c'est un conte que Reland et Toderini prennent la peine de relever sérieusement.

(26) C'est-à-dire, l'Antechrist.

(27) Le douzième et dernier des imans de la race d'Ali. Il n'avait que cinq ans lorsqu'il hérita du rang d'iman. Il se perdit à l'âge de douze ans dans une grotte. Les Schiites (hétérodoxes), qui ne re-

***

(*) Les auteurs qui veulent imiter les poëtes orientaux devraient étudier l'histoire et les coutumes de l'Orient. On trouve dans le joli roman oriental de *Thomas Moore* intitulé *Lalla Roukh*, les deux erreurs dont je parle dans cette note.

connaissent de khaliphat parla...t que celui d'Ali et
de ses descendans, croient que *Mehdi* vit encore ;
mais les Sunnites (orthodoxes), croient qu'il viendra
à la fin des temps avec J.-C., dont il sera le vicaire,
appeler tous les peuples à la connaissance de l'Islamisme. *Voyez* Mouradgea d'Ohsson, *Tableau de
l'Empire ottoman*, tome premier, pag. 267.

(28) Selon les Orientaux, Gog et Magog sont
les peuples septentrionaux, issus de Japhet, fils de
Noé, qu'Alexandre, disent-ils, resserra vers le
nord par une forte muraille qu'il fit construire
entre le Caucase et la mer Caspienne.

(29) Elle aura dans sa main, disent les musulmans, la verge de Moïse et le sceau de Salomon ;
elle touchera avec cette verge les élus et les ré-
prouvés, traçant sur le visage des premiers, le nom
de *croyant*, et sur celui des seconds, celui d'*infidèle*, etc.

(30) Les commentateurs citent un grand nombre
de signes du dernier jour. *L'avancement des personnes de basse condition aux dignités éminentes*,
est au nombre de ces signes.

(31) Mahomet racontant cette circonstance à Aïscha son épouse, elle trouva que c'était peu conforme aux règles de la modestie, et elle objecta à
son mari qu'il serait très-indécent aux hommes et

aux femmes de se regarder les uns les autres dans un pareil état. Mais Mahomet lui répondit que les événemens de ce jour seraient trop importans et trop graves pour leur permettre de faire usage de cette liberté. Sale, *Obs. historiques, et critiques sur le Mahom.*

(32) *Reland* a déjà observé que ceci n'indique point que les tourmens de l'enfer ne seront pas éternels : on verra plus bas qu'ils le sont. Cet enfer, *non éternel* pour les croyans, serait plutôt une espèce de purgatoire ; mais les musulmans admettent un véritable purgatoire, qu'ils nomment *araf*, où demeurent les fidèles qui n'ont pas assez mérité pour aller en paradis, ni assez démérité pour être condamnés au feu de l'enfer.

(33) « Les musulmans pensent qu'il y a huit pa- » radis et sept enfers, c'est-à-dire huit degrés de » béatitude pour les élus, et sept degrés de peine » pour les damnés. Ils veulent donner à entendre » par ce nombre inégal, que la miséricorde de Dieu » surpasse sa justice. » D'Herbelot, *Bib. or.*, au mot *Gennah.*

On dit que Mahomet a assuré que les pauvres entreront en paradis 600 ans avant les riches. On tient encore de lui que, dans son voyage nocturne, il vit que le plus grand nombre des habitans du paradis étaient des pauvres, et que le plus grand nombre de ceux qui étaient renfermés dans l'enfer étaient des femmes. Sale , *Obs. hist. et crit. sur le Mahom.*

(34) Dans une note des *Ois. et des fleurs*, p. 224, j'ai cité ce passage et j'ai exprimé mon étonnement sur le silence de l'auteur touchant *la vision béatifique.* Je dois le disculper ici : il en avait déjà parlé dans le chapitre iv, 4ᵉ. et ailleurs. Le Coran , et tous les livres qui traitent de la religion , s'accordent parfaitement sur ce point.

« Il y a un bien dans le paradis , dit le Cheik
» al-Alem, auprès duquel tous les autres biens du
» paradis même sont défectueux et peu considé-
» rables : ce bien est la vue de Dieu. Le paradis,
» Seigneur, s'écrie-t-il ensuite , n'est souhaitable
» que parce qu'on vous y voit ; car sans l'éclat de
» votre beauté , il nous serait ennuyeux. » D'Herbelot , *Bib. or.*, au mot *Gennah.*

(35) Selon Mahomet, dit-on tous les jours, les femmes n'entreront pas dans le paradis. J'ai déjà combattu cette erreur dans les notes de la traduc- tion d'*Azz-eddin*, pag. 224, *loc. cit.*, et je l'ai ré- futée sérieusement. Si l'on ne se contente pas du témoignage de l'auteur de ce catéchisme, qui est l'ouvrage élémentaire de la religion musulmane le plus estimé et le plus répandu en Turquie, on pour- ra lire la note dont je parle, où je m'appuie de l'au- torité du Coran.

Que des personnes peu instruites commettent une pareille erreur, je le conçois aisément; mais croirait-on qu'un orientaliste, ou du moins un écrivain qui a fait des ouvrages sur les Orientaux et sur les langues orientales, en un mot que l'auteur du *Voyage en Syrie et en Égypte* ait pu dire, t. II, pag. 323 et suiv.? « Mahomet, si passionné pour les » femmes, ne leur a cependant pas fait l'honneur » de les traiter comme une portion de l'espèce hu- » maine; il ne fait mention d'elles ni pour les pra- » tiques de la religion, ni pour les récompenses de » l'autre vie; et c'est une espèce de problème chez » les musulmans, si les femmes ont une âme(*). » Et c'est ce même voyageur qui a parlé avec mépris de nos orientalistes les plus distingués, et qui a osé faire une misérable équivoque sur le nom d'un pro- fesseur respectable dont je m'honorerai toujours d'avoir été auditeur !

Je suis presque aussi étonné de lire dans les *Lettres persanes* de Montesquieu, l. xxii : « Puis- » que les femmes sont d'une nature inférieure à la » nôtre, et que nos prophètes nous disent qu'elles » n'entreront pas dans le paradis, pourquoi, etc. »

Je ne cesserai de répéter que les auteurs qui veulent imiter le style des écrivains orientaux, ou parler de l'Orient, doivent en étudier la religion, l'histoire, les mœurs et les coutumes.

(*) Cette phrase contient autant d'erreurs que de mots. Notre texte répond en partie à ces assertions aussi fausses que ridicules. Quant à la dernière, elle n'a pas besoin de ré- plique.

(36) Les musulmans donnent ce nom à la *table* ou *livre des décrets divins*, où disent-ils le destin de tous les hommes est écrit.

(37) C'est-à-dire, suivant le commentateur turc, que lorsqu'on a des raisons valables de se dispenser des pratiques du culte, on le peut licitement.

(38) Attendu, observe encore notre commentateur turc, qu'on ne se sert de cette formule que lorsqu'on n'est pas bien certain de quelque chose.

(39) Oncle de Mahomet, grand persécuteur de son neveu. Il est parlé de lui dans le troisième chapitre du Coran. *Voyez la Bib. or.* au mot *Aboulahab.*

(40) Un des plus grands ennemis de Mahomet et de sa religion. *Voyez* d'Herbelot, au mot *Abougehel.*

(41) La prière en commun ne doit jamais se faire que sous la direction d'une personne placée à la tête de l'assemblée. Cette personne se nomme *iman.* Les assistans sont placés derrière l'*iman.*

(42) Les musulmans ont quatre rits différens qu'ils considèrent comme orthodoxes, parce que leurs fondateurs sont parfaitement d'accord sur le dogme, et ne diffèrent que sur les points du culte et de la morale. On verra plus bas, dans le texte, les noms des fondateurs de ces quatre rits. Celui

d'Abou-Hanifah est le plus dominant dans l'empire ottoman. Il y a en outre un grand nombre de sectes hérétiques et schismatiques. On en a compté jusqu'à 73. *Voyez* Sale , *Obs. hist. et crit. sur le Mahom.*

(43) On trouve dans ce peu de mots l'abrégé de la foi musulmane. Le premier article comprend le dogme; il a été développé dans les six premiers chapitres de ce traité. Les cinq derniers comprennent le culte. L'auteur n'entrant à ce sujet dans aucune espèce de détail, je crois être obligé d'y suppléer en peu de mots dans cette note.

1°. Les purifications forment une des pratiques les plus essentielles du culte musulman. La loi ne permet à l'homme l'exercice d'aucun acte religieux avant de s'être préalablement lavé de toute souillure corporelle. Toutefois, il ne faut point s'imaginer, comme quelques personnes le croient encore, que les musulmans pensent que ces purifications effacent leurs péchés (*). Les musulmans sont bien loin d'avoir de pareilles idées. Ils sont persuadés que le repentir seul et les actes de pénitence peuvent attirer sur le pécheur la miséricorde de Dieu.

Il y a trois sortes de purifications. La première

(*) On est surpris de voir dans la liste, que donne Reland, des auteurs qui ont accusé les musulmans de suivre une doctrine si déraisonnable , le savant Hyde, Gabriel Sionita et du Ryer.

se nomme *ghasl* ou lavage: elle est requise pour les souillures que l'on nomme substantielles ou matérielles ; que ces souillures soient sur le corps, sur l'habit ou sur l'endroit où l'on prie (*). Ces impuretés sont, par exemple, les sécrétions naturelles de l'homme, le vin, etc., etc. La deuxième nommée *abdest* (en arabe *ouzou*) ablution, est requise pour les souillures non substantielles mineures ; telles que le vomissement, l'éclat de rire au milieu de la prière, les embrassemens voluptueux, etc. : elle consiste à se laver le visage, la barbe, les mains, les bras jusqu'au coude et les pieds jusqu'à la cheville ; on l'accompagne du *besmélé*, c'est-à-dire des mots : *Au nom de dieu clément et miséricordieux ; louanges à Dieu qui nous a favorisés de la religion musulmane* (**); et d'autres prières qu'il serait trop long de citer ici. La troisième, nommée *ghousl*, lotion, est pour les souillures non substantielles majeures, comme *effusio seminis*, l'acte de cohabitation, les infirmités périodiques

---

(*) De crainte de faire la prière sur un lieu impur, les musulmans ont soin d'avoir un petit tapis consacré à cet usage. Les gens riches se font suivre partout d'un laquais qui porte ce tapis sous le bras et qui l'étend devant son maître, lorsqu'il en est temps. Les musulmans qui n'ont pas de tapis font leur prière sur leur manteau.

(**) Les musulmans disent ce *besmélé* avant toutes leurs actions et dans toutes les circonstances de la vie : comme avant de manger, de boire, de cohabiter avec leurs femmes, etc.

du sexe, les couches : elle consiste à se laver tout le corps depuis la tête jusqu'aux pieds.

Au défaut d'eaux pures et claires, on met en usage la purification pulvérale. On peut la faire avec de la terre, du sable, de la poussière, etc.

Celui qui a contracté une souillure soit majeure, soit mineure, ne doit point toucher le Coran, pas même avec la manche de son habit; il ne doit pas non plus toucher les monnaies sur lesquelles serait gravé quelque passage de ce livre, ni en réciter aucun verset non plus que du Pentateuque ni de l'Évangile. Voyez sur cette matière, des détails curieux dans le *Tableau de l'Empire ottoman* de Mouradgea d'Ohsson. Tom. ii, pag. 7—69.

2°. La prière est de précepte divin. On doit la faire, vêtu décemment et dans un état de pureté parfaite, le visage tourné vers la *Caaba*. La prière se compose d'un ou de plusieurs *rikats*. Ces *rikats* consistent en diverses attitudes, inclinations et prosternations accompagnées de formules de prières toujours en arabe. On en trouvera quelques-unes dans le dernier paragraphe de ce chapitre.

La loi musulmane oblige les fidèles à adresser cinq fois le jour leurs prières à Dieu. Ces prières sont annoncées, du haut des minarets des mosquées, par des crieurs *ad hoc* nommés *muezzins*. La première est celle du matin : Adam, disent les musulmans, fit le premier cette prière. La seconde est celle de midi : Abraham, disent encore les musulmans, s'en acquitta le premier. La troisième, celle de l'après-midi : le prophète Jonas en est, dit-on, l'auteur. La quatrième celle du coucher du soleil : c'est Jésus-Christ qui la fit le premier. Enfin la cinquième est celle de la nuit : on la tient de Moïse. Ces prières peuvent se faire ou en commun ou en particulier, ou à la mosquée ou ailleurs. Elles sont composées de *rikats* et de la lecture de différens chapitres du Coran.

La prière publique des vendredis a lieu dans les villes seulement. Elle est d'obligation : elle doit se faire à la mosquée et en corps, sous l'*imamat* du sultan ou de son lieutenant. Elle se fait à midi. Elle se compose de la *Khotba*, mot que l'on traduit ordinairement par *prône*.

Un ministre nommé *khatib* fait ce prône. Dans toutes les villes qui ont été prises par la force des armes, ce *khatib* le prononce la main appuyée sur la garde d'un sabre. On trouve la formule de ce prône dans le *Tableau de l'Empire ott.*, t. 11, p. 214 et suiv. : il contient *la profession de foi, les prières pour Mahomet, pour ses compagnons, etc.*, quelques sentences morales, des vœux pour le sultan régnant, et il se termine par ces mots : « O mon Dieu ! exaltez » ceux qui exaltent la religion, et avilissez ceux qui » l'avilissent. Protégez les soldats musulmans, » les armées orthodoxes; et accordez-nous salut, » tranquillité, prospérité, à nous, aux pèlerins, » aux militaires, aux citoyens en demeure, comme » aux voyageurs sur terre et sur mer, enfin à tout » le peuple musulman. Salut à tous les prophètes et

» à tous les envoyés célestes ; louanges éternelles
» à ce Dieu créateur et maître de l'univers. Dieu
» ordonne l'équité et la bienfaisance ; il ordonne
» et recommande le soin des proches. Il défend les
» choses illicites, les péchés, les prévarications.
» Il vous conseille d'obéir à ses préceptes, et de
» les garder religieusement dans la mémoire. »

Après ce prône un *Vaez* ou prédicateur prononce
ordinairement un sermon ; mais ce n'est qu'une
pratique de surérogation ; l'on n'est point obligé
d'y assister. Les autres jours de la semaine, il y a
quelquefois des sermons à la suite de la prière de
midi ou de l'après-midi. Cela est déterminé suivant les chartres de fondation de la mosquée.

Il n'est pas inutile de faire observer que les musulmans vaquent le vendredi à leurs occupations
ordinaires : ils ne les interrompent qu'au moment
de la prière publique. Il est encore bon de faire
remarquer qu'ils ont fixé à ce jour la prière publique
non point pour honorer, ainsi qu'on a bien voulu
le dire, Vénus qu'ils ne connaissent pas (*) ; mais
en mémoire de la création du premier homme,
événement qui a eu lieu un vendredi.

Je ne parlerai point ici des prières particulières
pour les deux fêtes du *Beyram*, pour le *ramazan*, etc., etc.

Je ne puis m'étendre davantage sur cet article si

(*) Il est curieux de lire dans Reland, *De relig. Mohamm.*
p. 99, les causes plaisantes de cette inculpation singulière.

C

important du culte musulman ; mais les personnes curieuses d'en connaître toutes les particularités, les trouveront développées dans le *Tab. de l'Emp. ott.*, t. 11, de la page 69 à la page 403.

5°. Tout musulman parvenu à l'âge de quatorze ans, doit jeûner pendant tout le mois nommé *ramazan*.

Ce jeûne consiste dans une abstinence entière de toute nourriture et dans une continence parfaite pendant toute la journée, depuis l'aurore jusqu'au coucher du soleil.

Cette abstinence est portée à un tel point de sévérité, qu'il n'est pas permis non-seulement de boire, mais de fumer du tabac, de respirer des parfums, d'user de clystères, d'avaler la salive, à moins que ce ne soit involontairement, de se laver le visage, etc. Des musulmans portent l'exactitude au point de ne vouloir pas même ouvrir la bouche pour parler, dans la crainte que l'air n'y entre trop librement. Sale. *Obs. hist. et crit. sur le Mahom.*

On n'a pas besoin d'avertir que les malades, les voyageurs, les femmes enceintes, etc. sont dispensés du jeûne.

Il faut observer que les années des musulmans étant lunaires, le *ramazan* parcourt tous les 33 ans les différentes saisons de l'année. On s'imaginera facilement combien ce jeûne est pénible lorsque le *ramazan* se rencontre en été.

Les musulmans se montrent encore plus scrupuleux sur le jeûne que sur les autres points du culte. Ils

n'oseraient jamais d'ailleurs transgresser publiquement la loi à cet égard : ils seraient réputés infidèles,
apostats, et par-là dignes du dernier supplice.

Pendant le *ramazan*, les musulmans font, après
le coucher du soleil, un repas auquel préside l'esprit
de pénitence. Ils font ensuite avant l'aurore une
collation.

Le jeûne du ramazan est toujours accompagné
de prières surérogatoires, et d'aumônes considé-
rables. Une partie de la nuit se passe en prières.
Toutes les mosquées sont ouvertes durant les trente
nuits que dure le jeûne.

Le ramazan est immédiatement suivi de la fête
nommée le petit *Beyram*, et vulgairement la
Pâque des Turcs. Cette fête n'est que d'un jour :
toutefois le peuple la célèbre trois jours de suite.
Soixante-dix jours après on célèbre le grand *Beyram*, qui dure quatre jours. Ces sept jours de fête
sont, dans toute l'année, les seuls où tout commerce et tout travail manuel sont suspendus.

Ces deux *Beyrams* sont les deux seules fêtes religieuses de la nation. Voyez *le Tab. de l'Emp. ott.*,
tom. III, pag. 1—54.

4°. La dîme est d'obligation divine. Elle consiste
à donner chaque année une partie de ses biens
aux pauvres musulmans, mais non point aux infidèles. On doit la donner du bétail, de l'argent,
des grains, des fruits, des marchandises ; mais il
faut avoir une certaine aisance pour y être obligé.
À ce sujet il y a des règles qu'il serait trop long de

développer ici. Je renvoie le lecteur à M. d'Ohsson,
Tab. de l'Emp. ott., tom. II, pag. 405—425.

Il est en outre d'obligation canonique de donner
l'aumône que M. d'Ohsson nomme *paschale*, c'est-à-
dire, l'aumône qui se fait à l'issue du jeûne du ramazan, laquelle consiste en une demi-mesure soit
de blé, soit de farine, soit de raisins, ou bien en une
mesure entière, de dattes ou d'orge, que l'on doit
distribuer aux pauvres.

Quant aux aumônes surérogatoires, chacun est
libre de suivre les mouvemens de sa charité.

5°. Le pèlerinage de la Mecque est d'obligation
divine. Tout musulman doit s'en acquitter une fois
dans la vie. Si cependant des circonstances particulières l'empêchent de remplir ce devoir, il peut
en charger un mandataire. L'esclave n'est pas obligé
au pèlerinage. Il n'est permis à la femme de le faire
qu'accompagnée de son mari ou d'un proche pa-
rent.

C'est à la Mecque, et non à Médine, que les musulmans vont en pèlerinage ; et c'est la caaba, et non
point le tombeau de Mahomet, qu'ils visitent. Voyez
les détails que j'ai donnés à ce sujet dans la note
pages 70, 71.

Parmi les pratiques qu'on observe dans le pèlerinage, les suivantes me paraissent dignes de remarque :

Les pèlerins sont tenus de prendre l'*ihram*, ou
manteau pénitentiel, sorte de vêtement composé
de deux pièces de toile, sans coutures, l'une pour

se couvrir la partie inférieure, et l'autre la partie supérieure du corps. Ce vêtement n'est pas d'obligation pour les femmes. Si elles le prennent, elles doivent garder chemise et caleçon.

Tant qu'on est revêtu de l'*ihram*, il est défendu d'avoir commerce avec sa femme, de chasser, de se couper les ongles, de se raser aucune partie du corps, de se couvrir la tête et le visage, etc., etc.

Lorsque durant le pèlerinage on psalmodie des cantiques les femmes ne doivent pas hausser la voix, pour éviter, disent les commentateurs, que la mélodie et le charme de leur voix, ne donnent des tentations aux hommes qui pourraient les entendre.

Arrivé à la caaba, on doit baiser la pierre noire. C'est sur cette pierre, disent les musulmans, que Dieu grava la loi qu'il donna aux hommes après qu'il eut demandé à toutes les âmes des hommes à venir, renfermées dans Adam : *Ne suis-je pas votre Seigneur?* et qu'elles lui eurent répondu : *Oui, vous l'êtes.*

On doit faire plusieurs fois le tour de la caaba, etc., etc.

Dans la vallée de *Mina*, les pèlerins doivent jeter des pierres. C'est en mémoire d'Abraham qui en traversant ces lieux pour aller immoler son fils, y chassa à coups de pierres le démon qui lui suggérait de ne point obé' à Dieu.

Les pèlerins sont encore tenus de boire de l'eau du puits de *Zemzem*. La tradition arabe porte qu'Agar et son fils Ismaël étant pressés par une soif ardente, l'ange Gabriel fit jaillir cette source d'eau douce.

Le grand Beyram a lieu le 10 du mois du pèlerinage, nommé en arabe *Zou'lhiggé*. Il est d'obligation canonique d'immoler à cette époque ou un mouton, ou un bœuf, ou un chameau; de manger une partie de la victime et d'en distribuer le reste à son gré. Voyez sur le pèlerinage, des détails curieux dans le *Tab. de l'Emp. ott.*, tom. III, p. 55—515.

En finissant cette note dont on voudra bien, j'espère, me pardonner l'indispensable longueur, il est nécessaire de faire observer que lorsqu'on omet involontairement, ou par une bonne raison, une pratique quelconque du culte, ou qu'elle se trouve invalidée par quelque vice, on est obligé de la faire postérieurement; mais que si on l'omet de propos délibéré, on doit se soumettre à une peine expiatoire. Ainsi, par exemple, si l'on manque volontairement d'observer un seul jour du jeûne du *ramazan*, on doit se soumettre, en réparation, à une abstinence de soixante et un jours consécutifs.

(44) C'est une prière qui se fait avant l'aurore. Elle se compose de trois rikats. A la fin du dernier on récite le cantique nommé *counouth*, que l'on trouvera dans le dernier paragraphe de ce chapitre.

(45) J'ai parlé plus haut de ces pratiques surérogatoires.

(46) Puisqu'il est ici question des actions criminelles, je dois faire remarquer que, par la religion
musulmane, il est sévèrement défendu de faire des
eunuques, et même d'en employer à son service. Si
les souverains et quelques grands dérogent à cette
loi, ce n'est que par faste et par attachement à un
usage consacré de tout temps dans les cours asia-
tiques. *Tabl. de l'Emp. ott.*, tom v, pag. 475.

(47) Les musulmans abhorrent les chiens. Ils ne
les admettent point dans leurs maisons, etc. ; mais
ils sont attentifs à les nourrir. Voyez dans *les
Oiseaux et les Fleurs*, l'allégorie du chien, pag. 98
et suiv., et les notes sur cette allégorie, pag. 201
et suiv.

Au contraire, les musulmans aiment beaucoup
les chats à l'imitation de leur prophète qui, dit-on,
avait pour eux un certain faible.

Il faut dire, à la louange des musulmans, qu'ils
sont très-compatissans pour les animaux. Si le pro-
priétaire d'une bête de somme en fait un usage
immodéré, les officiers de police ont le droit de
réprimer sa dureté et d'exiger qu'il soulage l'animal.

La répugnance des mahométans pour la chasse
est une suite de ce sentiment de compassion. Ils ne
veulent pas même qu'on prive les oiseaux de leur
liberté ; et les musulmans pieux se font un devoir
d'acheter les oiseaux que l'on vend en cage pour

leur rendre la liberté. M. d'Ohss., *Tabl. de l'Emp.*
ott., IV, 307—309.

(48) Il ne faut pas croire que la circoncision soit
d'une nécessité si absolue qu'on ne puisse s'en dispenser dans certains cas. Ce n'est, selon les musulmans, qu'une cérémonie très-convenable et très-
utile. Elle était en usage chez les Arabes plusieurs
siècles avant Mahomet.

Il n'est pas inutile de faire observer que les
musulmans ne circoncisent leurs enfans que lorsqu'ils sont en état de prononcer distinctement la
formule de la profession de foi : « Il n'y a de Dieu que
» Dieu et Mahomet est son prophète. »

(49) Il est encore de pratique imitative de se raser les cheveux, la moustache, le pubis; d'épiler
ses aisselles, *abluere aquâ obscena post stercus seu
lotium ejectum, seu missum crepitum*, etc.

(50) On nomme ainsi les docteurs des premiers
siècles de l'Islamisme.

(51) Ces deux *imans* sont également fondateurs
de rits envisagés comme orthodoxes; mais ils n'ont
plus d'adhérens.

(52) J'omets ici une explication de Berkévi qui
intéresserait fort peu le lecteur.

(53) Voyez le chapitre IV, pag. 13; et la note
pag. 64.

(54) Les fonctions de *casi-esker*, mot qui signifie proprement *juge d'armée* ; mais que l'on pourrait traduire par *grand juge*, ou même par *ministre de la justice*, sont les plus éminentes de la magistrature ottomane. Il n'y a que deux *casi-esker*, celui de Romélie et celui d'Anatolie. Voyez le *Tab. de l'Emp. ott.*, tom. v, pag. 550—555.

(55) Voyez les dernières lignes de la note sur le culte, pag. 86.

(56) Les musulmans, observateurs fidèles des pratiques les plus pénibles de leur culte, n'ont pas obéi avec la même docilité à l'interdiction qui leur est faite du chant et des instrumens de musique. En effet on n'a pas de peine à concevoir les raisons qui ont pu déterminer le législateur des Arabes à condamner absolument le vin, les jeux (*), la danse; mais pourquoi comprendre dans cet anathème la musique, cet art de la nature, le premier et, peut-être, le plus beau qu'aient cultivé les hommes. Cet art à qui nous devons celui de la poésie, si toutefois la poésie peut se séparer de la musique et en est réellement distincte.

Les premiers sages furent des musiciens, leurs chants harmonieux annoncèrent aux hommes le

---

(*) Selon les théologiens musulmans, les échecs sont le seul jeu légitime ; mais, fidèles observateurs de la tradition, les Turcs jouent avec des pièces toutes unies.

culte de Dieu. La belle allégorie qui nous représente Orphée commandant à la nature par les sons
de sa lyre, nous montre ce que les anciens pen-
saient de la musique.

Comme l'on rencontre toujours les deux extrê-
mes dans les opinions humaines, le philosophe
Confucius a donné dans l'excès contraire. Il a prétendu que la musique inspire de posséder son âme
en paix, d'être modeste et sincère, d'avoir la droiture
et la constance en partage, d'aimer tout le monde
et surtout ses parens. « L'homme, dit-il, a, dans son
» cœur le principe de toutes les vertus, la musique
» les met au grand jour. » On pourrait, avec quelques restrictions, admettre la vérité de cette idée
si l'on ne connaissait le système de Confucius. Sé-
parant la religion de la morale, ou, pour mieux
dire, abandonnant la religion et n'enseignant que la
morale, ce législateur d'un peuple usé a voulu établir la vertu par des motifs purement humains,
et il a appelé la musique à son secours. Il a cru
remplacer ainsi ces vues purement spirituelles qui
seules constituent la véritable vertu : vues sublimes
qu'il n'a pu invoquer puisque partout il n'a aperçu
que la vile matière. Si le vent impétueux des passions renverse souvent la vertu la plus solide fondée
sur les idées religieuses les plus pures, laissera-t-il
exister un instant celle qui est sans fondemens. Je
ne crains pas de le dire, sans la foi en cet être par
qui tout respire, sans la croyance en la vie future,
la vertu est un vain nom, l'intérêt personnel prend

sa place, plus d'espérance, plus de consolation, plus de bonheur; que dis-je? l'esprit en proie à la terreur n'aperçoit plus que la mort et le néant.

D'ailleurs comment, dans le système de Confucius, la musique pourrait-elle exciter des sensations pures et délicieuses? Le froid glacial de la matière viendrait étouffer les accens de l'enthousiasme qui seuls parlent au cœur; il viendrait arrêter les sons délicieux de la lyre; et à la plus douce mélodie succéderait l'affreux silence des tombeaux.

Voyez sur la musique chez les Turcs *Toderini, Lett. turch.*, tom. 1, pag. 216 et suiv.

(57) On n'entend jamais dans les mosquées ni chant ni musique. Le chant n'entre dans aucun exercice de la religion. Toutefois le chant et la musique sont admis dans les cérémonies particulières de quelques ordres de *derviches.* M. d'Ohsson, *Tabl. de l'Emp. ott.*, tom. v, pag. 423.

(58) C'est-à-dire, dit le commentateur turc, celles à l'égard desquelles on est à un degré de parenté qui interdit le mariage avec elles.

(59) C'est-à-dire l'esclave avec laquelle on cohabite; mais, lit-on dans le Coran xxiv, 33 : « Ne forcez point vos femmes esclaves à se prostituer » pour un vil salaire, quand elles veulent vivre dans » la chasteté. Si vous les y contraignez, Dieu leur » pardonnera à cause de la violence que vous leur » aurez faite. »

(60) Pour comprendre ceci, il est bon de ne pas ignorer que, chez les musulmans, « Il n'est » pas toujours nécessaire, comme ailleurs, de re- » courir à des écrits pour engager les citoyens les » uns envers les autres, et assurer l'effet de leurs » stipulations. On peut dire, à la louange des Otto- » mans, qu'en général ils sont esclaves de leur » parole ; qu'ils se feraient scrupule de tromper » leur prochain, de trahir sa confiance, de profiter » de sa candeur. Ce sentiment qui les guide envers » leurs concitoyens, est le même à l'égard des étran- » gers, à quelque religion qu'ils appartiennent. » *Tabl. de l'Emp. ott.*, tom. IV, pag. 509.

(61) La loi musulmane punit de mort le musul- man qui marque en public du mépris pour la reli- gion, ou qui profère le moindre blasphème non- seulement contre Dieu, mais encore contre Maho- met et les autres prophètes. Voyez le *Tabl. de l'Emp. ott.*, tom. I, pag. 531.

(62) C'est-à-dire, selon le commentateur turc, que, dans les choses obscures des livres révélés ou des paroles des prophètes, il faut croire le sens que Dieu ou ses prophètes ont eu en vue.

(63) Dans les premiers temps de ses prédications, Mahomet ordonna aux musulmans de se tourner vers le temple de Jérusalem en fesant leurs priè- res. Il abrogea ensuite cet ordre, et depuis les mu-

sulmans se tournent vers la *caaba* (le temple de la
Mecque).

Les musulmans ont la plus grande vénération
pour Jérusalem, à cause de son ancien temple, du
sépulcre de Jésus-Christ et des tombeaux des prophètes. On lit dans d'Herbelot que, dans le ive. siècle
de l'hégire, le pèlerinage de la Mecque ayant été
interrompu par l'incursion des Carmathes(*), les musulmans firent celui de Jérusalem pour y suppléer.

(64) Sous le nom général d'*oulémas* on comprend les ministres de la religion ou *imans*, les docteurs de la loi ou *mouftis*, et les ministres de la
justice ou *casis*.

(65) Le célèbre docteur Schafeï a déclaré que
celui qui emploierait son temps à l'étude de la théologie scolastique, mériterait d'être attaché à un
poteau, et d'être ainsi promené par toutes les

(*) Purs déistes musulmans qui allégorisaient toutes les pratiques du culte, et même les lois les plus sacrées sanctionnées
par la raison et par l'assentiment général des peuples. Lorsqu'ils
s'emparèrent de la Mecque, ils y tuèrent plus de 30,000
hommes ; ils remplirent de cadavres le puits des *Zemzem* ;
ils souillèrent le temple en y enterrant 3,000 morts, et en
enlevèrent la pierre noire dont ils couvrirent un lieu sale.
On a vu de nos jours les mêmes scènes renouvelées en partie
par les Wahabis descendans des Carmates.

Voyez la *Bibliothèque or.* au mot *Carmathe*; et sur les Wahabis, l'excellent mémoire de M. Rousseau.

tribus arabes, en faisant crier devant lui ces mots:
*Voilà la récompense de celui qui laissant le Coran
et la tradition, s'attacha à l'étude de la théologie
scolastique.* Pocock, *Spec. hist. Ar.*

(66) Ceinture de cuir noir que portent les chrétiens
et les juifs dans le Levant, et particulièrement dans
l'Asie.

Motawakkel, dixième khaliphe abbasside, fut le
premier qui obligea les chrétiens et les juifs de
porter cette ceinture, pour se faire distinguer d'avec
les musulmans. Depuis ce temps les chrétiens d'Asie
la portent ordinairement.

Sous les khaliphes abbassides les évêques d'Orient
excommuniaient encore les chrétiens quand ils vio-
laient les canons. On coupait alors cette ceinture
à ceux qui étaient frappés d'anathème, et on leur
en donnait des coups sur les épaules. De là vient que
le mot *zonnar* signifie, parmi les chrétiens d'Orient,
ce que nous nommons *la discipline. Bib. or.*, au
mot *Zonnar*.

(67) Cette formule est le *besmélé* dont j'ai parlé
page 78.

(68) Quelques princes, bons musulmans, ont
poussé l'horreur du vin jusqu'à défendre, par des
lois expresses, d'en prononcer le nom dans leurs
états. Voyez la *Bibl. or.*, au mot *Scharab*, etc.

Les musulmans nomment le vin, *la mère des
péchés* (le nom du vin est du féminin en arabe).

(69) Voici ce passage; il est tiré du chapitre x^e., verset 87 et suiv.

» Nous inspirâmes à Moïse et à son frère de
» bâtir en Égypte des maisons pour les Israélites,
» de les tourner vers le lieu où l'on fait la prière,
» de faire célébrer les louanges du Très-Haut, et d'an-
» noncer nos récompenses aux croyans. Seigneur,
» s'écria Moïse, tu as donné à Pharaon et aux grands
» de son empire la splendeur et les biens terres-
» tres. Écarte-les de ta loi, anéantis leurs richesses,
» endurcis leurs cœurs; qu'ils soient fermés à la foi
» jusqu'à ce qu'ils voient fondre sur eux tes châti-
» mens terribles. » *Trad. de Savary, t. I, p. 206.*

(70) C'est-à-dire s'engager par serment à répu-
dier une femme ou à affranchir un esclave, si, etc.

(71) C'est Azraël dont il a été question dans le
chapitre des *Anges*, pag. 8.

(72) Docteur de la secte d'*Hanifah*, auteur d'un
livre intitulé : *Des points capitaux qui établissent
l'unité de Dieu.* On le nomme plus communément
Soffar, qui est son surnom.

(73) C'est le *moufti* qui donne ces *fetva*, ou décisions juridiques. Elles sont relatives ou au droit
public ou au droit particulier.

Les premières sont du ressort du gouvernement;
s'agit-il de la paix, de la guerre, d'un règlement
politique, etc., le ministère consulte le *moufti* et
demande son *fetva*.

Les secondes se délivrent aux citoyens. Tout individu a la liberté de s'adresser au *moufti*, dans la personne de ses représentans, pour s'éclairer et s'instruire sur les points relatifs au dogme, au culte, à la morale; mais surtout aux lois civiles et criminelles.

C'est toujours sous des noms supposés que l'on consulte.

On aura une idée de ces *fetva* par les deux ou trois suivans:

DEMANDE.

« Si, durant le jeûne du *ramazan*, et pendant le
» jour, *Zéid*, musulman, vient à boire du vin,
» à quoi doit-il être légalement condamné? »

RÉPONSE.

« A un jeûne de soixante-un jours consécutifs, à
» trente-neuf coups de bâton, et à une réprimande
» sévère de la part du magistrat.

» Et s'il commettait publiquement cette prévari-
» cation, à la mort. »

DEMANDE.

« *Zéid*, musulman, pèche-t-il contre la religion,
» s'il quitte une contrée désolée par la peste pour
» passer ailleurs? »

RÉPONSE.

« Il y a lieu de croire que non, pourvu qu'il ne
» manque point d'implorer la grâce du Tout-
» Puissant. »

DEMANDE.

Que doit-on penser du suicide ?

RÉPONSE.

Ce crime est beaucoup plus grave que l'homicide. M. d'Ohsson, *Tab. de l'Emp. ott.*, t. v, p. 495—530.

(74) Parce que, dit le commentateur, il est difficile que le sultan n'ait pas fait quelque action injuste, et que pour être nommé *juste*, il faut l'avoir toujours été.

(75) Par la raison exposée page 47 et ailleurs.

(76) Suivant beaucoup de musulmans, *le blé* est le fruit défendu que mangea Adam. Voyez dans la traduction d'*Azz-eddin*, intitulée : *les Oiseaux et les Fleurs*, etc., une note à ce sujet, page 167 et 168.

(77) « Parce que, selon notre commentateur » (Cazi-Zadé Islambouli Ahmed-ben-Mohammed » Amin), les prophètes n'ont point exercé des mé- » tiers vils, tels que ceux de tisserand, de teintu- » rier, de chirurgien, etc. »

Pour comprendre ceci il faut savoir que, d'après les principes de la loi, qui recommande le travail à l'homme, bien des musulmans se font un point de religion d'exercer un art quelconque. Ainsi plusieurs khaliphes et plusieurs sultans se sont livrés à

des occupations manuelles. Les prophètes eux-
mêmes, disent les musulmans, se sont soumis à
l'obligation du travail. Adam était laboureur ;
Énoch, tailleur ; Noë, charpentier ; David faisait des
cuirasses ; Salomon, des corbeilles de palmier, etc.

(78) Ces mots sont tirés du Coran, xix, 12.

(79) C'est-à-dire, l'*appel à la prière* qui se fait
du haut des minarets des mosquées.

(80) *A la porte* est ici dans le sens de *chez*. Nous
dirions en français, *faire sa cour au sultan*, etc.

(81) Gouverneur d'une province de l'empire
ottoman.

(82) J'omets ici une page de minuties concernant
la prière.

(83) Notre docteur est bien sévère, et je ne
conçois pas même la raison de ce conseil rigide.
Chaque sexe a ses bains particuliers, et lorsque les
mêmes bains servent aux deux sexes, il y a des
jours marqués pour les femmes, ou bien le jour
est pour elles, et la nuit pour les hommes. D'ailleurs
tout s'y passe dans la plus grande décence.
Je n'ai pas besoin d'entrer dans des détails sur
les bains des Turcs : tous les voyageurs en parlent
au long dans leurs ouvrages.

(84) « Les hommes sont supérieurs aux femmes,
lit-on dans le Coran, ... les femmes doivent être

obéissantes, et taire les secrets de leurs époux, puisque le ciel les a confiées à leur garde. Les maris qui ont à souffrir de leur désobéissance peuvent les punir, les laisser seules dans leur lit, et même les frapper. La soumission des femmes doit les mettre à l'abri des mauvais traitemens. » IV, 38.

Cette sévérité, qui choque nos mœurs, a lieu de nous étonner dans un homme aussi passionné pour les femmes, que Mahomet; mais, *qui bien aime, bien châtie*, disaient nos bons aïeux, *bien châtie*.

Mahomet répétait souvent que Dieu avait créé deux choses pour le bonheur des hommes, les femmes et les parfums.

(85) Les étoffes de soie, quoique permises aux femmes, sont interdites aux hommes. Voyez *les Oiseaux et les Fleurs*, pag. 216, et M. d'Ohsson, *Tab. de l'emp. ott.*, tom. IV, pag. 101 et 132.

(86) Poudre de troëne dont les Orientaux se teignent la barbe et les femmes les ongles, etc. Cet usage est très-ancien, il vient des Arabes païens.

(87) Ici suivent vingt-deux pages de minuties sur les cérémonies que l'auteur désire que l'on observe à sa mort, sur les purifications et sur certaines prières, etc. Je n'ai pas cru devoir traduire ces détails fastidieux dont certainement on n'aurait pu soutenir la lecture.

La seule remarque que je ferai, c'est qu'aussitôt qu'un homme est décédé on lave son corps, et on l'enterre de suite, en vertu, dit M. d'Ohsson, de ces paroles du Prophète : « Hâtez-vous d'inhumer » les morts, pour qu'ils puissent jouir aussitôt de » la béatitude éternelle, s'ils sont décédés dans la » vertu et dans l'élection ; et qu'au contraire, s'ils » sont morts dans le vice et dans la réprobation, » vous écartiez loin de vous des âmes condamnées » au feu de l'enfer. »

Ce n'est pas tout, le corps est porté en grande hâte, à pas précipités, en vertu encore, de ces mêmes paroles du Prophète.

On ne porte jamais le corps à la mosquée et on n'y fait point de prière funèbre, parce que, disent les musulmans, le temple du Seigneur est pour les vivans et non pour les morts.

Après diverses prières et diverses cérémonies, on dépose le corps en terre le visage tourné vers la Caaba de la Mecque.

Voyez les détails dans le *Tab. de l'emp. ott.*, tom. II, pag. 509 et suiv.

(88) Cette profession de foi se lit aussi dans M. d'Ohsson, tom. II, pag. 84.

(89) Cette prière se lit aussi *ibid.*, pag. 85.

(90) *Ibid.* pag. 79.

(91) M. d'Ohsson cite cette prière, t. II, p. 185; mais il s'arrête ici.

(92) Voici le premier chapitre du Coran :

CHAPITRE DE L'INTRODUCTION,

ÉCRIT A MÉDINE, CONTENANT SEPT VERSETS.

Au nom de Dieu clément et miséricordieux.

« Louanges à Dieu le maître des créatures, l'Être
» bon et miséricordieux par excellence, le juge du
» dernier jour. O Dieu ! c'est toi que nous adorons ;
» c'est de toi que nous implorons l'assistance. Con-
» duis-nous dans la voie droite, dans cette voie
» que suivent ceux que tu as comblés de tes faveurs,
» ceux contre qui ta colère ne s'est point allumée,
» et qui ne se sont point égarés. »

(93) Voici ce chapitre (cxii) qui est très-court.

CHAPITRE DU CULTE SINCÈRE

ÉCRIT A LA MECQUE, CONTENANT QUATRE VERSETS.

Au nom de Dieu clément et miséricordieux.

Dis aux infidèles : Dieu est éternel, il n'engendre
pas, il n'est pas engendré, il n'a pas de compagnon.

(94) C'est cette formule que l'on nomme *tecbir.*

(95) Cette oraison jaculatoire est sans cesse dans
la bouche des musulmans.

PEND-NAMÈH

ou

LIVRE DES CONSEILS

DE SAADI.

TRADUIT DU PERSAN.

PEND-NAMÈH

ou

LIVRE DES CONSEILS.

PRÉFACE DE SAADI.

Dieu généreux, captifs dans les liens de nos désirs, nous te prions d'avoir pitié de notre état. Nous n'élevons nos soupirs que vers toi qui seul remets aux pécheurs leurs fautes. Éloigne-nous du chemin de l'iniquité, oublie nos égaremens et montre-nous la voie droite.

Tant que la langue occupera une place dans le palais, le cœur goûtera la louange de Mahomet, de cet ami de Dieu, le plus illustre des prophètes, de ce législateur qui siége auprès du trône glorieux de l'Éternel, de ce héros conquérant du monde (1) qui, monté sur le Borac (2) au poil bai, passa au delà du palais au portique azuré.

---

(1) Je ne crois pas que la traduction anglaise *who encompasseth* soit exacte.

(2) Nom de l'animal qui porta Mahomet au ciel, dans la nuit du *mérag* (ascension); voyez p. 13.

CHAPITRE PREMIER.

ENTRETIEN AVEC L'AME.

Quarante ans de la vie précieuse se sont écoulés, et ton naturel est encore celui que tu avais dans l'enfance. Tu n'as rien fait que la vanité ou la passion ne t'y ait porté. Tu n'as pas embelli un seul de tes instans par des occupations sérieuses. Mon âme, ne place point ta confiance en cette vie qui passe, et ne te crois pas à l'abri des jeux de la fortune.

CHAPITRE II.

DE LA GÉNÉROSITÉ.

Celui qui dressera la table de la générosité, deviendra célèbre dans le monde bienfaisant. La générosité te fera connaître à l'univers, et te procurera une sécurité parfaite. Rien au monde ne peut être comparé à cette belle vertu. Il n'y a pas de bazar plus fréquenté que le sien(1). Elle est le capital de la

---

(1) Il y a dans le texte *plus chaud;* en effet lorsqu'une grande quantité de personnes sont rassemblées quelque part, il y fait chaud.

joie et la récolte de la vie. Rafraîchis par elle le cœur de l'homme. Remplis le globe de la renommée de tes dons. A chaque instant de ta vie exerce la générosité, puisque celui qui donna l'être à ton âme possède cet attribut par excellence.

CHAPITRE III.

DE LA LIBÉRALITÉ.

Quiconque est bien inspiré ne peut manquer de prendre pour sa vertu favorite la libéralité ; c'est elle qui rend l'homme heureux. Par ta douceur et ta munificence, sois le vainqueur du monde. Sois prince dans la région de l'affabilité et de la largesse. La libéralité est l'occupation des sages et la profession des élus. Ne néglige point de pratiquer cette vertu, et tu remporteras alors la boule (1) de la bonté. La libéralité est la poudre de projection qui change en or le cuivre du vice ; elle est le remède à tous les maux.

(1) Allusion au jeu de mail.

~~~~~~

CHAPITRE IV.

CENSURE DE L'AVARE.

Le globe du monde tournerait au gré de l'avare,
il tiendrait à la chaîne le bonheur, les trésors de
Caroun (1) seraient dans ses mains, le quart habité
de l'univers (2) lui obéirait.... qu'il ne mériterait pas
que son nom fût cité. Quand même la fortune serait
son esclave, ne fais pas la moindre attention à ce
qu'il possède; ne parle pas, de ses richesses, ne
prononce pas le nom de ses possessions. Quoique,
sur terre et sur mer, l'avare éprouve des privations
continuelles, il n'y aura pas, d'après la tradition,
de paradis pour lui. L'avare, quelque riche qu'il
soit en possessions, est en proie à la même peine
que celui dont la bourse ne renferme que des
oboles. Les hommes généreux éprouvent des douceurs en employant le revenu de leurs richesses,
tandis que les avares n'éprouvent que du chagrin de
leur or et de leur argent.

----

(1) Les musulmans nomment ainsi Coré. Selon eux il avait
acquis par le moyen de la chimie de si grands trésors, qu'il
fallait quarante chameaux pour les porter.

(2) Les Orientaux se servent de cette expression pour exprimer les parties habitées du monde.

CHAPITRE V.

DE L'HUMILITÉ.

Si tu es humble, les hommes t'aimeront. L'humilité élève celui qui la pratique, comme le soleil éclaire de ses rayons la lune argentée. Ils pratiqueront cette vertu, ceux qui sont dignes du nom d'homme. L'humilité augmentera le respect que l'on te porte, elle préparera ta place dans le paradis élevé. C'est elle qui doit être le fonds capital de l'amitié qui en recevra un caractère sublime. L'humilité est la clef de la porte du séjour bienheureux ; elle est l'ornement de l'élévation et du bonheur. Celui qui a l'heureuse habitude d'être humble, retirera un vrai profit de son rang et de sa puissance. L'humilité ennoblit l'homme : dans les grands, elle est semblable à la broderie qui décore leurs habits. Il n'y a rien de plus beau que de trouver l'humilité chez une personne qui est à la tête du commandement. Le vrai sage exercera l'humilité : c'est par elle que le rameau chargé de fruits vient poser sa tête sur la terre. Sois toujours humble envers tes semblables, alors tu pourras, un jour, lever la tête comme l'épée. Chez les grands l'humilité est la vertu la plus recommandable ;

mais si le mendiant est humble, c'est dans l'ordre (1).

CHAPITRE VI.

CENSURE DE L'ORGUEIL.

Mon enfant, évite soigneusement l'orgueil, de
crainte que tu ne tombes un jour frappé de sa main.
Dans un savant, rien ne déplait comme ce défaut.
Quant au sage, il est étonnant qu'il puisse s'y laisser
entraîner. Ce vice est le propre des ignorans, jamais de l'homme éclairé. C'est l'orgueil qui jadis
avilit Azazil (2), et qui le précipita dans la prison
de la malédiction. L'orgueilleux a la tête remplie
des prestiges de son imagination.

Puisque tu connais les inconvéniens de l'orgueil,
pourquoi t'y livrerais-tu? si jamais tu es orgueilleux, tu seras inexcusable. L'orgueil est le capital
du malheur; il est la source d'un mauvais caractère.

---

(1) Ce vers se lit aussi dans le poëme du même auteur,
intitulé *Bostan*, c'est-à-dire, *jardin*, dans le chapitre des
louanges d'Atabek Aboubekr ben-Saad.

(2) *Azazil* ou *Eblis* est le prince ou le chef des anges pré-
varicateurs.

CHAPITRE VII.

DE L'EXCELLENCE DE LA SCIENCE.

C'est la science qui augmente le mérite de l'homme, et non le faste, les honneurs, les biens, les richesses. Il faut se consumer à sa poursuite comme la bougie, car sans la science on ne peut connaître Dieu. S'appliquer à acquérir de l'instruction, c'est être prédestiné au bonheur. Le sage ambitionne la science dont le bazar est toujours fréquenté. Le devoir de t'instruire est pour toi un précepte obligatoire que Dieu t'a imposé, quand même, pour l'exécuter, il faudrait parcourir le monde. La science t'est nécessaire, tant pour le spirituel, que pour le temporel. Par elle, tout ce qui te concerne sera dans le plus heureux arrangement. Si tu te laisses diriger par l'intelligence, ne t'appliques qu'à étudier. C'est une négligence impardonnable que de ne rien savoir. Va, et tiens-toi fortement attaché au pan du manteau de la science; tu seras conduit au palais de la stabilité.

CHAPITRE VIII.

QU'IL FAUT S'ABSTENIR DE FRÉQUENTER LES IGNORANS.

Si tu es prudent et sage, ne fréquente pas l'ignorant ; fuis loin de lui comme la flèche. Ne te mêle pas avec lui comme le lait et le sucre. Il vaudrait mieux qu'un dragon fût ton compagnon dans une caverne (comme autrefois Abou-bekr fut celui de Mahomet), que si l'ignorant était ton intime ami. Si ton ennemi mortel est sensé, il est préférable à un ignorant ami (1). Personne au monde n'est plus vil que l'ignorant, et rien n'est plus méprisable que l'ignorance. Laisse donc l'ignorant, voilà ce que tu as de mieux à faire. Sa société te ferait rougir dans ce monde, et te couvrirait d'une éternelle confusion dans l'autre. Des actions inconvenantes, voilà les œuvres de l'ignorant. Tu n'entendras jamais de lui que des paroles déplacées. L'enfer lui est réservé, car il est difficile que sa vie ait une bonne fin. Nous devons nous attendre à voir sa tête au sommet de la potence, puisqu'il est naturel qu'il porte la peine de son avilissement.

---

(1) Rien n'est si dangereux qu'un ignorant ami;
Mieux vaudrait un sage ennemi.

LA FONTAINE, VIII, 10.

CHAPITRE IX.

DE LA JUSTICE.

Puisque Dieu a comblé tous les désirs que tu as formés, pourquoi ton unique but n'est-il pas de rendre la justice? Elle est l'ornement de la royauté; pourquoi par elle ne pas fixer les incertitudes de ton cœur? Ah! si elle s'unit à toi pour gouverner ton empire, elle donnera à ton trône une stabilité que les efforts réunis de tes ennemis ne pourront détruire. Nouchirvan (1) exerça la justice; aujourd'hui encore les peuples répètent son nom avec enthousiasme. Rends le monde heureux par les bienfaits de l'équité; répands toutes tes faveurs sur les gens qui pratiquent cette vertu. La tranquillité d'un royaume est le résultat de la justice; c'est elle qui comble les vœux des sujets. Il n'y a pas de meilleur architecte au monde que la justice, car rien n'est au-dessus d'elle. Que peut-il t'arriver de plus heureux que d'avoir le nom de roi juste? Si tu veux la décoration du bonheur, ferme la porte de la tyrannie sur les habitans du monde. Ne refuse point tes bon-

(1) C'est le surnom de Khosrou (Chosroès-le-Grand), vingt-deuxième roi de la dynastie des Sassanides.

8

nes grâces à tes sujets ; remplis les vœux de ceux
qui veulent la justice.

CHAPITRE X.

CENSURE DE LA TYRANNIE.

La tyrannie dévaste le monde, comme le vent
destructeur de l'automne ravage un jardin délicieux. N'opprime jamais tes sujets, si tu veux que
le soleil de ton empire ne décline point. Celui qui
allume dans le monde le feu de l'oppression, arra-
chera aux hommes des plaintes et des gémissemens.
Ne tyrannise point le pauvre, car l'enfer sera, sans
doute, la demeure des tyrans.

Si l'opprimé élève un soupir de son cœur, l'ardeur de ce soupir brûlant enflammera l'eau et la
terre. Ne fais point d'injustice à l'infortuné privé
de toute ressource, et pense enfin au réduit étroit
du sépulcre. N'outrage point l'opprimé et ne mé-
prise pas la vapeur des soupirs qui s'élèvent vers le
ciel. Ne sois ni méchant ni sévère, de peur que la
punition de Dieu ne vienne fondre sur toi à l'im-
proviste.

CHAPITRE XI.

ÊTRE CONTENT DE SON SORT. DESCRIPTION DE CETTE VERTU.

Si tu as le bonheur de savoir te contenter de ton sort, tu règneras dans le pays de la douce tranquillité. Es-tu dans la détresse, ne murmure point de ton malheur. Aux yeux du philosophe, les richesses ne sont rien. Le sage ne saurait rougir de la pauvreté, puisque le prophète Mahomet (1) en a fait sa gloire. Si tu n'es pas riche, ne t'inquiète pas; le sultan n'exigera pas des ruines un tribut. L'or et l'argent sont l'ornement du riche, le calme et la paix le partage de la pauvreté. Dans quelque situation que l'on soit, rien n'est plus convenable que de mettre des bornes au vaste champ des désirs. Celui qui naquit sous une bonne constellation saura se contenter de son sort; imite-le : la satisfaction, comme le soleil qui répand sa clarté dans le monde, éclairera de sa lumière les ténèbres de ton cœur.

(1) « La pauvreté, a-t-il dit, fait ma gloire. »

~~~~~~

CHAPITRE XII.

DE LA CUPIDITÉ.

O toi que l'avidité a privé de la raison, et qui, enivré de sa coupe fatale, es tombé dans les lacs de la cupidité, ne perds point ta vie à acquérir de l'argent. Les pierres précieuses ont une tout autre valeur que la brique. Celui qui est retenu dans les entraves de la cupidité livre au vent la moisson de la vie. Supposons que tu acquisses les possessions de Caroun et toutes les richesses du quart habité de l'univers... Eh ! pourquoi te tourmenter pour des biens qui un jour périront tout à coup? pourquoi te laisser consumer par la passion insatiable de l'or? pourquoi à sa poursuite traîner comme l'âne, le fardeau de la peine? Tu es pour la fortune comme le loup pour sa proie, et tu ne penses pas au jour où il te faudra rendre compte. Tu es tellement épris de l'or, qu'agité de son amour, tu erres çà et là comme si tu avais perdu la raison. Qu'il ne jouisse jamais du contentement, le cœur de l'homme méprisable qui laisse, pour ce monde présent, la vie à venir que promet la religion !

CHAPITRE XIII.

DES BONNES ŒUVRES.

La cœur de celui dont le bonheur est l'esclave est constamment incliné vers les bonnes œuvres. N'abandonne jamais le sentier du service de Dieu ; la félicité même de cette vie en dépend. La lumière des bonnes œuvres éclairera les sinuosités de ton cœur. Si tu te ceins les reins pour exercer ces devoirs, la porte du bonheur éternel s'ouvrira pour toi. Le sage ne détourne jamais la tête des bonnes œuvres : rien n'est préférable à cette heureuse occupation. Assis sous le portique de leur palais, adore le créateur. Du sein de la tempérance lève la tête ; le paradis est la demeure des abstinens.

CHAPITRE XIV.

DU CULTE.

Vivifie tes ablutions (1) par l'eau de la piété, pour

---

(1) C'est-à-dire les purifications prescrites par la loi musulmane. Voyez pag. 77 et suiv.

te délivrer demain (1) du feu de l'enfer. Remplis dans la sincérité de ton cœur le devoir de la prière, et tu obtiendras un bonheur permanent. Allume, par la dévotion, la lampe de ta vie, afin que, comme ceux dont le bonheur dirige les pas, tu coules des jours heureux.

CHAPITRE XV.

DE L'ACTION DE GRACES ENVERS DIEU.

Rends grâces à Dieu; il augmentera ton rang, ta puissance, ta fortune, tes possessions. Quand même tu exercerais les devoirs de la reconnaissance envers Dieu jusqu'au jour du compte (2), ce ne serait pas la millième partie de ce que tu devrais faire. Suis donc mes leçons, mon ami; la reconnaissance est l'ornement de l'islamisme. N'oublie jamais ce que tu dois au créateur du monde. L'action de grâces à Dieu est l'eau du jardin de la religion.

---

(1) Pour comprendre cette expression, il faut savoir que les Orientaux comparent souvent la vie à un jour.

(2) Le jour du jugement.

CHAPITRE XVI.

EXCELLENCE DE LA PATIENCE.

Si la patience te prête son secours, tu acquerras une félicité inaltérable. La patience est la vertu des sages et l'occupation de ceux que le bonheur a favorisés. Dans quelque situation que l'on se trouve, la patience est nécessaire; car dans mille occasions on a lieu de l'exercer. La patience est la clef de la porte du désir, et la souveraine de l'empire des souhaits.

CHAPITRE XVII.

DE LA DROITURE.

Si tu te diriges d'après la droiture, les hommes seront tes amis. Le sage ne détourne point la tête de la pratique de cette vertu qui donne à la réputation je ne sais quoi de sublime. Si ton naturel est la droiture, puissent mille éloges être consacrés à ton heureux penchant! Si tu aides la barque de ton esprit du souffle de la droiture, semblable au zéphyr du matin, tu atteindras le rivage loin des ténèbres de l'ignorance. Garde-toi de ne rien

faire que selon la droiture; car la main droite a
la prééminence sur la gauche. Rien au monde n'est
meilleur que la droiture; il n'y a pas d'épines à
son rosier. Comment celui qui n'agit pas conformément aux règles qu'elle prescrit sera-t-il ac-
quitté au jour du jugement? Rien de plus préjudi-
ciable que de manquer de droiture; c'est par-là que
la réputation la mieux établie perd tout son prix.

CHAPITRE XVIII.

CENSURE DU MENSONGE.

La lampe du cœur de celui qui mentira ne
jettera plus de clarté. Le mensonge avilit l'homme
et le couvre de confusion. O mon frère, ne mens
jamais, prends-y bien garde. Le menteur est méprisable et ne mérite pas la moindre considé-
ration; le sage rougit de sa société et personne
ne fait cas de lui.

CHAPITRE XIX.

QU'IL EST NÉCESSAIRE DE RÉFLÉCHIR SUR LA
PRÉDESTINATION ET LA PRÉNOTION.

Vois cette voûte solide et sans appui que dorent
les rayons du soleil; vois la tente de la sphère cé-

leste qui roule sur nos têtes ; vois ces flambeaux éclatans qui y sont suspendus. Là , l'un est sentinelle et l'autre roi ; l'un implore la justice, l'autre ambitionne la couronne ; l'un a tout ce qu'il désire, et l'autre ne vit que de privations ; celui-ci est content, celui-là soupire ; celui-ci est monarque, celui-là percepteur (1) ; l'un est illustre, l'autre vil ; celui-ci est frustré de son désir, celui-là obtient tout ce qu'il veut ; celui-ci est privé de toutes les douceurs de la vie, celui-là jouit de toutes les faveurs de la fortune ; l'un a la peine en partage, l'autre la richesse ; l'un prolonge son existence, tandis que l'autre expire à ses côtés ; l'un est robuste, l'autre est faible ; l'un a mangé le fruit de la vie, l'autre est dans la fleur de l'adolescence ; l'un est dans la voie droite, l'autre dans le péché ; l'un est en prière, tandis que l'autre est sur le champ de bataille ; celui-ci a le plus heureux caractère, celui-là un naturel chagrin ; celui-ci est doux, celui-là querelleur ; celui-ci est dans la jouissance, celui-là dans le tourment ; l'un est dans l'affliction, l'autre dans le bonheur ; l'un est prince dans le monde de la grandeur, l'autre captif dans le filet des coups de la fortune ; l'un demeure dans le jardin du repos, l'autre est le compagnon de l'ennui, de la douleur et de la misère ; celui-ci a des monceaux d'or ; ce-

---

(1) Il y a dans la traduction anglaise *paying tribute*. Le parallélisme y est mieux ; mais cela n'est point dans le persan.

lui-là ne sait où trouver du pain, ni de quoi suf-
fire aux dépenses nécessaires pour sa famille ; l'un a
nuit et jour le Coran dans la main ; l'autre, ivre,
est endormi dans le coin d'un cabaret ; l'un se conduit bien et pense d'une manière orthodoxe, l'autre est submergé dans la mer de la prévarication et
du crime ; l'un est guerrier, adroit et vigoureux ;
l'autre est faible, languissant, et a l'âme pusilla-
nime. Ne te confie donc point à la fortune, puisque
la mort viendra tout d'un coup t'arracher à la vie.

CHAPITRE XX.

QU'IL NE FAUT AVOIR DE CONFIANCE QU'EN DIEU SEUL.

N'ARRÊTE point les vœux sur l'empire, la pompe
et la cour de la souveraineté. Ces choses existaient
avant toi ; elles resteront après toi. Ne place point
ta confiance sur le trône du commandement ; car
aussitôt que le Très-Haut l'ordonnera, tu seras forcé
de rendre ton âme. Ne te réjouis pas de posséder
des trésors, d'être l'objet des adulations de nom-
breux courtisans ; lorsque tu t'y attendras le moins,
tout cela tombera dans le néant.

CHAPITRE XXI.

QU'IL FAUT ÉVITER LE MAL ET LES MAUVAISES ACTIONS.

Mon bon ami, ne fais point de mal si tu ne veux éprouver du mal. Un bon fruit n'est pas le produit d'une mauvaise semence. Ne mets pas ta satisfaction dans les dignités et dans la gloire, puisque rien n'est à l'abri de la décadence.

CHAPITRE XXII.

DE L'INSTABILITÉ DES CHOSES DE CE MONDE.

Que de rois puissans, que de héros qui ont conquis des provinces, que de guerriers intrépides qui ont vaincu des armées, que de braves courageux comme des lions, que de figures semblables à la pleine lune qui se lève, que d'objets à la taille de buis, que de voluptueuses beautés dont les joues ont eu l'éclat du soleil, que de gens célèbres et heureux, que de statures de cyprès et de coloris de rose ont déchiré le vêtement de la vie et ont enfoncé la tête dans le collet de la terre ! La moisson de leurs noms a été livrée au vent qui n'en a laissé échapper aucune trace. Ne fixe donc point ton cœur sur cette habitation où l'on respire un air agréable, mais dont l'atmosphère verse la pluie du malheur. Mon enfant, le monde n'a point de stabilité; ah! ne passe point cette vie sans songer à la vie future.

LE BORDA,

POÉME

A LA LOUANGE DE MAHOMET,

TRADUIT DE L'ARABE DE SCHERF-EDDIN ELBOUSSIRI.

Par M. le Baron SILVESTRE DE SACY.

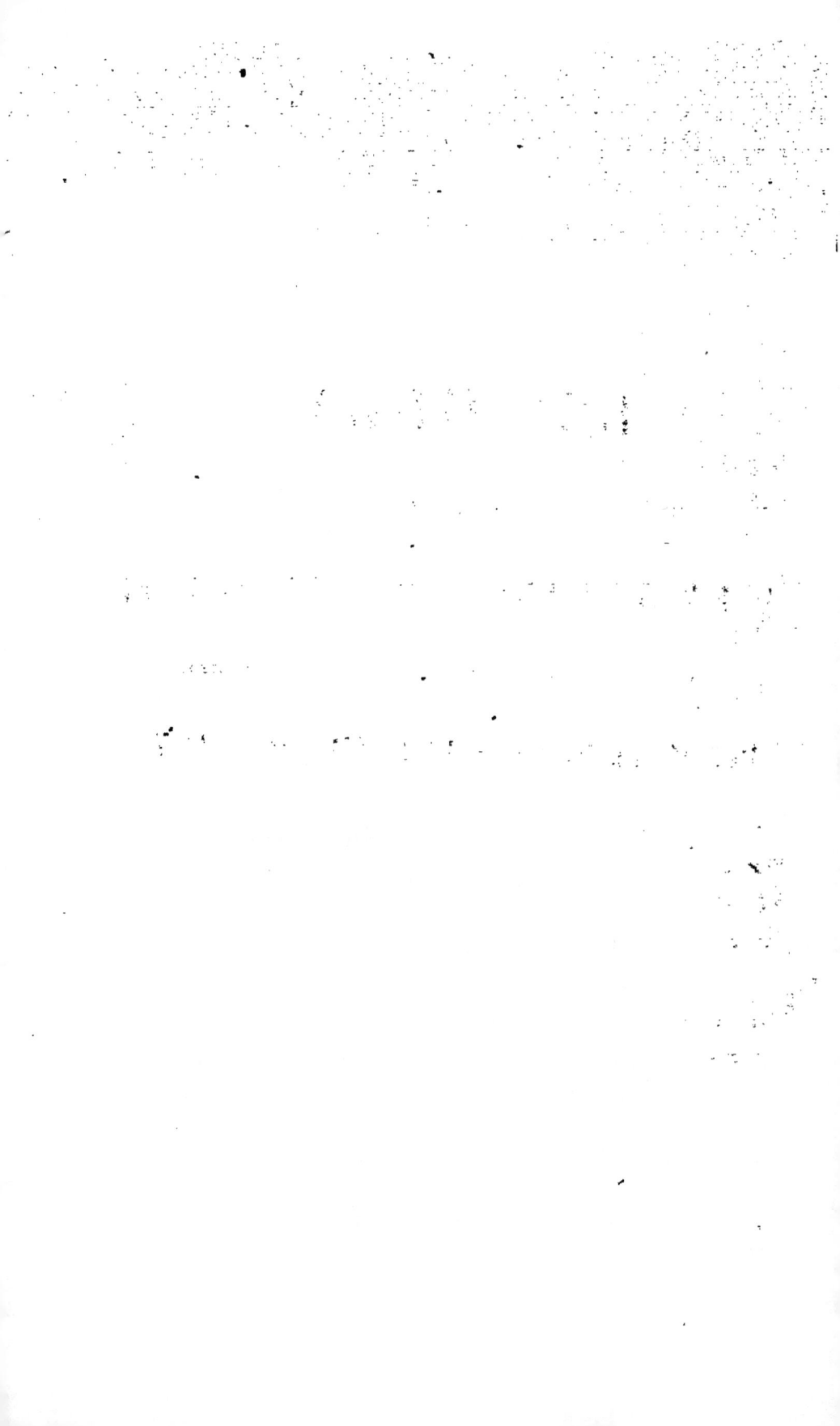

LE BORDA.

Quel sujet fait couler de tes yeux des larmes mêlées de sang? Le souvenir des voisins que tu as laissés à Dhou-Sélem est-il la cause de tes pleurs? est-ce le vent qui, soufflant du côté de Kadhéma, les rappelle à ta mémoire; ou l'éclair brillant au milieu de l'obscurité, sur les hauteurs d'Idham, découvre-t-il à tes regards le lieu qu'ils habitent? Pourquoi tes yeux versent-ils des torrens d'eau, lors même que tu leur ordonnes de retenir leurs larmes? Pourquoi ton cœur, au moment où tu lui dis : Reviens à toi, est-il dans une violente agitation?

Celui que l'amour possède s'imagine-t-il tenir cachée la passion qui l'agite, lorsque deux parties de lui-même trahissent son secret; ses yeux qui fondent en pleurs, et son cœur que consume une flamme ardente?

Ah! si l'amour n'était la cause de ta peine, on ne te verrait pas verser des larmes sur les débris d'une habitation abandonnée; le souvenir de ce *ban* (1) et de cette colline ne te ravirait pas le som-

(1) Voyez sur cet arbre les *Oiseaux et les fleurs*, pag. 142 et suiv.

meil. Et comment pourrais-tu nier que tu sois en
proie aux tourmens de l'amour, lorsque deux témoins irréprochables déposent contre toi, les pleurs
que tu répands, et la maladie qui te consume; lorsque la violence de ta passion a écrit ta conviction
sur tes joues, en y traçant les deux lignes des pleurs
et de la maigreur, et en leur imprimant les cou-
leurs de la rose jaune et du bois d'anem?

Oui, l'ombre de ce que j'aime est venue me ravir
le sommeil. Tel est l'effet de l'amour, il change nos
plaisirs en cruels tourmens.

O toi qui me reproches la violence d'un amour
insurmontable, ma faiblesse est digne d'excuse, et
si tu étais équitable, tu m'épargnerais tes répri-
mandes. Puissent les maux que j'éprouve retomber
sur toi ! Mon secret ne saurait échapper aux regards
es délateurs, et le mal qui me mine n'admet point
de guérison.

Tu m'as donné de sages avis, mais je n'étais pas
capable de les entendre; car celui que l'amour domine est sourd à toutes les censures. La vieillesse
même aux cheveux blancs n'a pas été à l'abri de
mes soupçons injurieux, lorsqu'elle a voulu, par
ses conseils, réformer ma conduite; et cependant
est-il des conseils moins suspects que ceux que donne
la vieillesse?

Dans sa folie, le penchant violent qui m'entraîne
vers le mal, n'a point mis à profit les sages aver-
tissemens des cheveux blancs et de l'âge décrépit.
Incapable d'aucune bonne action, mon âme cor-

rompue n'a pas même offert un repas hospitalier à
l'hôte respectable qui était venu sans façon chercher
l'hospitalité près de moi. Ah ! si j'eusse prévu que
je ne lui rendrais pas les honneurs qui lui étaient
dus, j'aurais déguisé par le jus du katam son secret
que j'ai aperçu (1).

Qui ramènera de son égarement cette volonté
rebelle et indomptable, ainsi que l'on gouverne
avec un frein le cheval le plus fougueux ! Ne te flatte
pas d'amortir la violence de ses passions, en t'abandonnant aux actions criminelles. Telle la nourriture ne sert qu'à augmenter la violence d'un appétit
déréglé.

L'âme est semblable à un tendre enfant : si on le
laisse suivre son penchant, il conservera en gran-
dissant l'amour du lait maternel ; mais si on l'en
prive, il se sèvrera de cet aliment.

Détourne donc ton âme de l'amour auquel elle se
livre, garde-toi de souffrir qu'il domine chez elle;
car où l'amour règne sans obstacle, il donne la mort,
ou bien il couvre d'ignominie. Veille sur elle au
milieu de ses actions, ainsi qu'un berger veille sur
ses troupeaux au milieu des pâturages; et quand
même le pâturage lui paraîtrait agréable, ne permets pas qu'elle y paisse à son gré. Combien d'hom-

_____

(1) C'est-à-dire, j'aurais noirci sa chevelure, afin que la
couleur de ses cheveux blancs n'ajoutât pas à l'indignité de
ma conduite un nouveau degré de honte et d'opprobre.

mes l'attrait de la concupiscence n'a-t-il pas séduits, en leur présentant, sous une apparence favorable, des plaisirs qui leur ont donné la mort l ils ignoraient que le poison est caché dans les mets les plus délicats.

Crains également les piéges cachés de la faim et ceux de la satiété. Souvent une faim violente est pire encore que les maux qui suivent l'excès de la nourriture.

Que tes yeux qui ont été remplis de crimes se purifient par des larmes abondantes; et ne quitte jamais l'asile de la repentance.

Résiste à la concupiscence et à Satan, et sois rebelle à leurs suggestions; quand même ils te donneraient des conseils sages en apparence, tiens-les toujours pour suspects. Ne leur obéis jamais, soit qu'ils manifestent la malice d'un ennemi, ou qu'ils se couvrent des apparences d'une impartiale justice; car tu connais les piéges que tendent et ces ennemis manifestes, et ces conciliateurs insidieux.

Je demande pardon à mon Dieu de ce que mes discours ne sont point accompagnés d'une conduite qui leur soit conforme. Mon inconséquence est la même que si j'attribuais une postérité à un homme que la nature aurait frappé de stérilité.

Je t'ai donné des leçons de vertu dont moi-même je n'ai pas fait la règle de mes actions. Je n'ai point redressé ma conduite, m'appartient-il de te dire : Redresse-toi?

J'ai négligé d'amasser avant la mort une provision de bonnes œuvres pour le temps de mon voyage. Je n'ai ajouté ni prières ni jeûnes à ceux dont l'obligation est d'une indispensable nécessité.

J'ai criminellement omis de me conformer à l'exemple de celui (1) qui vivifiait les nuits en les passant en prières, jusque-là que ses pieds fatigués par la longueur de ses veilles en contractaient des tumeurs douloureuses ; qui, épuisé par des jeûnes assidus, était obligé de serrer par des ligatures ses entrailles affamées, et de comprimer avec des pierres la peau fine de ses flancs délicats.

Des montagnes d'or d'une élévation prodigieuse ont sollicité l'honneur de lui appartenir ; mais il leur a fait voir quelque chose de bien plus élevé, par son mépris pour les biens de ce monde. La nécessité qui le pressait ajoutait un nouveau mérite à son détachement ; les suggestions du besoin ne purent triompher de son désintéressement. Que dis-je ! le besoin pouvait-il inspirer le désir des biens de ce monde, à celui sans lequel le monde ne serait jamais sorti du néant ?

Mahomet est le prince des deux mondes, des hommes et des génies, le souverain des deux peuples, des Arabes et des barbares. Il est notre prophète, qui nous prescrit ce que nous devons faire, et

---

(1) C'est-à-dire de Mahomet. Le poëme ne commence réellement qu'ici. Tout ce qui précède ne sert que d'introduction au véritable sujet.

nous défend ce que nous devons éviter. Il est le plus véridique de tous les hommes, soit qu'il affirme, soit qu'il nie. Il est l'ami de Dieu; il est celui dont l'intercession est l'unique fondement de notre espoir et notre ressource contre les dangers les plus affreux. Il a appelé les mortels à la connaissance de Dieu, et quiconque s'attache à lui s'attache à une corde qui n'est point sujette à se rompre. Il a surpassé tous les autres prophètes par l'excellence de ses qualités extérieures et de ses qualités morales. Aucun d'eux n'approche de lui en science ni en vertu. Chacun d'eux sollicite de l'apôtre de Dieu une gorgée de la mer de sa science, ou une goutte des pluies abondantes de sa vertu. Ils se tiennent près de lui dans le rang qui leur convient, n'étant en comparaison de sa science, et au prix de sa sagesse, que ce qu'est un point ou un accent dans l'écriture.

C'est lui qui est parfait par les qualités de son cœur et par les grâces de sa personne. Le créateur des âmes l'a choisi pour ami. Il ne partage avec aucun autre ses qualités incomparables; il possède toute entière et sans partage la substance même de l'excellence.

Laisse là ce que les chrétiens débitent faussement de leur prophète : cela seul excepté (1), use d'une liberté sans bornes dans les éloges que tu donneras

_____

(1) C'est-à-dire : n'attribue point à Mahomet la divinité; mais à l'exception de cela, dis de lui tout ce que tu voudras.

à Mahomet. Vante autant qu'il te plaira l'excellence de sa nature, relève autant que tu le voudras l'éminence de ses mérites; car l'excellence de l'apôtre de Dieu ne connaît point de bornes, et il n'est personne dont les paroles puissent dignement l'exprimer. Si la grandeur de ses miracles répondait à l'éminence de son mérite, la seule invocation de son nom rendrait la vie aux ossemens depuis long-temps desséchés.

Par l'amour qu'il nous a porté, il n'a point voulu nous mettre à une épreuve dangereuse, en nous enseignant des choses auxquelles notre intelligence ne pût atteindre. Nous n'avons éprouvé ni doute ni soupçon sur la vérité de sa doctrine.

Les hommes s'efforceraient en vain de comprendre l'excellence de ses qualités intérieures; il n'en est aucun soit proche soit éloigné qui ne soit incapable d'y atteindre. Tel le soleil vu de loin ne paraît pas dans sa véritable grandeur, et, regardé de près, éblouit la vue. Et comment pourraient, en ce monde, atteindre à la connaissance parfaite de ce qu'est ce grand prophète, des mortels plongés dans le sommeil, qui se contentent des songes de leur imagination?

Tout ce qu'on peut savoir de lui, c'est qu'il est homme, et la plus excellente des créatures de Dieu.

Tous les miracles qu'ont fait les saints envoyés de Dieu, n'étaient qu'une communication de la lumière de ce prophète. Il est lui seul le soleil de l'excellence, les autres ne sont que les planètes qui

dépendent de ce soleil, et qui réfléchissent ses
rayons lumineux sur les mortels, au milieu des ténèbres.

Combien est digne d'admiration la figure de ce
prophète, dont les charmes sont relevés par ses qualités intérieures, qui réunit toutes les grâces, qui a
pour caractère distinctif la douceur et l'aménité de
ses traits. Il réunit à la beauté délicate d'une fleur,
la grandeur majestueuse de la lune. Sa générosité
est vaste comme la mer, ses desseins sont grands
et fermes comme le temps. Lors même qu'il est
seul, la majesté de son visage rend son aspect
aussi redoutable à ceux qui le rencontrent, que s'il
avait autour de lui une armée et de nombreuses co-
hortes.

On dirait que les organes qui produisent en lui
la parole et le sourire, sont des perles cachées au
fond de la nacre. Aucun parfum n'égale l'odeur
suave de la terre qui couvre ses os ; heureux qui
respire cette odeur, qui couvre cette terre de bai-
sers !

L'instant même de sa naissance a fait connaître
l'excellence de son origine. Qu'ils sont précieux les
premiers et les derniers momens de son existence !

En ce jour les Perses ont reconnu par des pro-
nostics certains, l'annonce des malheurs et de la
vengeance qui allaient tomber sur eux. Le portique
de Cosroès renversé au milieu de la nuit annonça
par sa chute la division qui allait ruiner la famille
des souverains de cet empire, sans aucun espoir

de réunion. Le feu sacré, dans la douleur où le plongeait cet événement, vit s'éteindre sa flamme, et le fleuve, troublé par la frayeur, oublia sa source accoutumée.

Sava (1) s'affligea sur la disparition de ses eaux que la terre avait englouties, et celui qui venait y étancher sa soif s'en retourna transporté de colère et d'indignation.

Il semblait qu'en ce jour la violence de l'affliction eût transporté au feu l'humidité naturelle à l'élément aqueux, et à l'eau l'ardeur desséchante du feu.

Alors les génies poussèrent des hurlemens, des lumières éclatantes s'élevèrent et se répandirent dans l'atmosphère, la vérité se manifesta par des signes muets et par des paroles. Mais ils ont été aveugles et sourds (2), les impies : les annonces les plus claires des heureux événemens qui allaient arriver, ils ne les ont point entendues; les signes les plus éclatans des maux dont le ciel les menaçait, ils n'y ont point fait attention, après même que les peuples ont été avertis par leurs devins que leurs religions erronées allaient être détruites; après qu'ils ont vu dans les cieux des flammes se détacher et se précipiter en bas, de même que sur la terre leurs idoles se renversaient.

_____

(1) Lac qui se dessécha, dit-on, à la naissance de Mahomet. *Voyez* la vie de Mahomet, par Savary, pag. 4.

(2) Allusion au verset 17 de la seconde surate du Coran.

Poursuivis par ces flammes, les démons prirent
la fuite à l'envi les uns des autres, obligés d'abandonner la route céleste par laquelle la révélation se
communique aux mortels. A voir leur fuite préci-
pitée, on eût dit, que c'étaient les guerriers de l'armée d'Abraha (1), ou les troupes infidèles mises en
fuite par les cailloux que lancèrent sur elles les mains
du Prophète à la journée de Bedr (2), lorsque ces
cailloux, après avoir chanté les louanges de Dieu
dans ses mains, furent lancés contre l'ennemi, semblables à Jonas jeté hors des entrailles du monstre
qui l'avait dévoré, après que, dans son sein, il
avait invoqué le nom de Dieu.

A l'ordre de Mahomet, les arbres sont venus se
prosterner devant lui ; sans pieds et portés seulement sur leur tige, ils s'avançaient vers le Prophète.
De même que le crayon trace sur le papier la ligne
qui doit servir de règle à l'écrivain, ainsi leur tronc
semblait en marchant décrire une ligne droite, sur
laquelle leurs branches, en sillonnant la poussière,
devaient tracer au milieu de la route une écriture
merveilleuse. Semblables dans leur obéissance à ce
nuage officieux qui suivait l'apôtre de Dieu en quelque endroit qu'il portât ses pas, pour le défendre

(1) *Voyez* la traduction du Coran, par Savary, tome II,
pag. 402.
(2) Voyez sur cette célèbre journée la vie de Mahomet, en
tête du Coran, traduit par Savary, pag. 49 et suiv.

des feux du soleil dans la plus grande chaleur du jour.

J'en jure par la lune qui, à son ordre, se fendit en deux; le prodige qui s'opéra alors sur cet astre, est pareil à celui qui s'était opéré sur le cœur du Prophète lorsque les anges l'avaient ouvert pour le purifier (1); et cette ressemblance est si parfaite que l'on peut légitimement l'assurer avec serment.

Les yeux des incrédules frappés d'aveuglement n'ont point vu ce que la caverne renfermait de vertus et de mérites (2). La justice même et l'ami fidèle (3) étaient cachés dans la caverne sans que personne les aperçût, et les impies disaient : Assurément il n'y a personne dans cette caverne. Ils ne s'imaginaient pas que des colombes voltigeassent autour de la créature la plus excellente, et qu'une araignée la couvrit de sa toile. La protection de Dieu lui a tenu lieu de la cotte de mailles la plus épaisse, et de la forteresse la plus inaccessible.

Jamais, dans les injustices que j'ai éprouvées de la fortune, je n'ai eu recours à l'assistance de Mahomet, que je n'aie trouvé en lui un patron dont la protection est invincible. Jamais je n'ai désiré re-

---

(1) C'est-à-dire pour en ôter *la concupiscence* et *la source du péché*, ce que les Arabes nomment, *la noirceur* ou *le grain du cœur*.

(2) Voyez à ce sujet la vie de Mahomet, par Savary, pag. 42.

(3) C'est-à-dire Mahomet et Abou-bekr son beau-père.

cevoir de sa main aucun bien temporel ou spirituel,
que cette main.., la plus excellente que l'on puisse
baiser, ne m'ait accordé quelque don de sa libéralité.

Ne fais aucune difficulté de reconnaître sa vision
nocturne (1) pour une véritable révélation ; car le
cœur de ce Prophète ne dort pas, lors même que
ses yeux sont fermés par le sommeil. Dès lors il
avait atteint l'âge parfait pour la mission prophéti-
que, et l'on ne doit lui refuser aucun des avantages
qui conviennent à l'âge parfait.

Combien de maladies a guéries le seul attouche-
ment de sa main ! combien de malheureux elle a
délivrés des mains de la folie !

Vivifiée par l'efficacité de ses prières, l'année de
la plus grande sécheresse s'est distinguée au milieu
des temps de disette, par une abondante fertilité ,
semblable à cette étoile blanche qui brille sur le
front d'un cheval, au milieu des crins noirs qui l'en-
vironnent de toute part. Les nuages l'ont fécondée
par leurs eaux abondantes, et l'on eût dit que les
vallées étaient devenues un bras de mer, ou des
torrens échappés de leurs digues.

Laisse-moi, que je chante les oracles (2) de ce
Prophète. Ils ont paru ces oracles avec un éclat pa-

---

(1) Voyez sur le voyage nocturne de Mahomet, l'*Exposition de la foi musulmane*, pag. 13.

(2) C'est-à-dire les versets du Coran.

reil à celui que jettent, au milieu de la nuit et sur le sommet d'une montagne, les feux qu'allume une main généreuse pour attirer le voyageur dans sa demeure hospitalière.

La perle reçoit, il est vrai, quelque augmentation de beauté de la main habile qui l'emploie à former un collier; mais lors même qu'elle n'est pas mise en œuvre, elle ne perd rien de son prix. Pour moi je n'espère pas de pouvoir atteindre dans mes chants l'excellence des vertus et des qualités naturelles de cet auguste envoyé du Très-Haut.

Ces oracles, oracles de la vérité, émanés du Dieu de miséricorde, ont été produits dans le temps (1); mais en tant qu'ils sont un attribut de celui dont l'essence est éternelle, ils sont eux-mêmes aussi anciens que l'éternité, sans qu'on puisse leur assigner aucune époque; ils nous instruisent cependant et de ce qui doit arriver au dernier jour, et des événemens des siècles d'Ad (2) et d'Irem (3). Ils sont un miracle toujours existant près de nous, bien supérieurs en cela aux miracles des autres prophètes dont l'existence n'a été que d'un instant. Leur sens clair ne laisse aucun doute dont puissent abuser ceux

_____

(1) Voyez la traduction de Berkevi, pag. 6.
(2) Voyez le Coran, tom. 1er., pag. 216 et suiv.
(3) Prince impie qui voulait s'attribuer la divinité. Mahomet en parle dans le Coran, au chap. 89. Voyez la Biblioth. or. au mot *Iram*.

qui se séparent de la vérité, et il n'est pas besoin
d'arbitre pour fixer leur signification. Jamais ils
n'ont éprouvé d'attaque, que l'ennemi le plus enve-
nimé n'ait abandonné le combat pour leur faire
des propositions de paix. Leur sublime éloquence
repousse toutes les entreprises de quiconque, ose
les attaquer, comme un homme jaloux repousse la
main téméraire qui veut attenter à l'honneur de ses
femmes. L'abondance des sens qu'ils renferment
est pareille aux flots de la mer; ils surpassent en
prix et en beauté les perles que recèle l'Océan. Les
merveilles qu'on y découvre ne sauraient être comp-
tées; quoiqu'on les relise souvent, jamais ils ne cau-
sent de dégoût. Ils répandent la joie et la vie sur
les yeux de quiconque les lit : ô toi qui jouis de ce
bonheur, tu as saisi une corde qui est Dieu même,
garde-toi de la laisser échapper de tes mains. Si tu
les lis pour y trouver un refuge contre les ardeurs
du feu de l'enfer, les eaux fraîches du livre sacré
éteindront les flammes infernales. Ainsi la piscine
du Prophète (1) blanchira le visage des pécheurs,
fussent-ils noirs comme le charbon avant de se
plonger dans ses eaux. Droits comme le pont *Sirath* (2), justes comme la balance dans laquelle
seront pesées les œuvres des mortels, eux seuls sont

---

(1) Voyez l'*Exposition de la foi musulmane*, pag. 19.
(2) Voyez sur ce pont l'*Exposition de la foi musulmane*,
pag. 18.

la règle et la source unique de toute justice parmi
les hommes. Ne t'étonne pas que l'envieux mé-
connaisse leur mérite, agissant ainsi en insensé,
quoiqu'il soit plein de discernement et d'intelligence : ne vois-tu pas que l'œil altéré méconnaît
l'éclat du soleil, et que la bouche d'un malade no
reconnaît plus la saveur de l'eau?

O toi, le plus excellent de tous ceux dont les in-
digens visitent la cour (1), vers lequel ils se rendent en foule soit à pied, soit sur le dos d'un chameau dont les pieds impriment de profondes tra-
ces sur la poussière, toi, le plus grand de tous les
prodiges pour l'homme capable de réflexion, le
plus précieux bienfait de la divinité pour quiconque sait le mettre à profit! En une seule nuit tu as
été transporté du sanctuaire de la Mecque au sanctuaire de Jérusalem : ainsi la lune parcourt la voûte
céleste au milieu des plus épaisses ténèbres. Tu n'as
cessé de t'élever jusqu'à ce que tu aies atteint un
degré auquel nul mortel ne saurait prétendre; la
longueur de deux arcs seulement te séparait de la
divinité (2).

Tous les prophètes, tous les envoyés de Dieu ont
reconnu ta supériorité; ils t'ont cédé le pas, comme
le serviteur se tient derrière son maître. Entouré

---

(1) C'est-à-dire le tombeau, ou « Le plus excellent de ceux
à qui l'on peut demander des faveurs ».
(2) Coran sur. LIII, v. 9.

de cette vénérable cohorte parmi laquelle tu pa-
raissais comme le porte-enseigne, tu as traversé
l'espace des sept cieux, ne laissant devant toi aucune place plus proche de la divinité, au-dessus de
toi aucun degré plus élevé que celui où tu es parvenu. Tu as rendu tout autre rang vil et méprisable,
en comparaison de celui que tu occupais lorsque
Dieu lui-même t'a appelé par ton nom, comme on
appelle celui qui est distingué par son mérite, et
qu'il t'a invité à venir jouir de l'union la plus
inaccessible aux regards des mortels, et de la vue
du secret le plus impénétrable.

Tu as réuni toute sorte de gloire en ta personne,
sans la partager avec qui que ce soit. Il n'est aucun
lieu que tu n'aies traversé, sans y trouver de con-
current.

Sublime degré que celui auquel tu as été élevé!
éminentes faveurs que celles dont tu as été comblé!

Disciples de l'islamisme, que notre sort est heureux! nous avons, dans la protection de Dieu même,
une ferme colonne que rien ne peut renverser.

Celui qui nous a appelés au culte de Dieu a été
déclaré par Dieu même le plus excellent des envoyés : nous sommes donc aussi le plus excellent
de tous les peuples.

La seule nouvelle de sa mission a jeté l'épou-
vante dans le cœur de ses ennemis : tel un troupeau
d'imbéciles brebis fuit en désordre au seul rugis-
sement du lion. Partout où il a repoussé leurs atta-

ques, il les a laissés percés de ses lances et étendus
sur le champ de bataille, comme la viande sur
l'étal d'un boucher. La fuite a été l'objet de leurs
vœux, ils portaient envie à ceux dont les membres
déchirés étaient enlevés en l'air par les aigles et les
vautours. Les jours et les nuits se succédaient et
s'écoulaient sans que l'effroi dont ils étaient saisis
leur permît d'en connaître le nombre, à l'exception des mois sacrés où la guerre est suspendue (1).
La religion était pour eux comme un hôte impor-
tun descendu dans leur demeure, suivi d'une foule
de braves tous altérés du sang de leurs ennemis,
traînant après lui une mer de combattans montés
sur d'agiles coursiers, une mer qui vomissait des
flots de guerriers dont les rangs pressés se cho-
quaient et se heurtaient à l'envi, tous dociles à la
voix de Dieu, tous animés par l'espoir de ses récompenses, enflammés du désir d'extirper et d'anéantir
l'impiété. La religion musulmane qui était d'abord
comme étrangère parmi eux, et l'objet de leur
mépris, est, pour ainsi dire, devenue par l'effet
des armes victorieuses de ce grand Prophète, leur
proche parente, et le plus cher objet de leur amour.
Dieu a assuré pour toujours parmi eux le secours
d'un père et les soins attentifs d'un époux à cette

---

(1) Ces mois sont au nombre de quatre, ce sont *moharram*,
réjeb, *zou-l-kada* et *zou-l-hijja*, c'est-à-dire le 1er., le 5e.,
le 7e. et le 12e. de l'année.

religion auguste; jamais elle n'a éprouvé le triste
sort de l'orphelin, ou l'abandon du veuvage.

Ces défenseurs de la religion ont été aussi fermes et aussi inébranlables que des montagnes.
Demande à leurs adversaires ce qu'ils ont éprouvé
de la part de ces braves dans chacun des lieux qui
ont été le théâtre de leur courage. Interroge Honeïn, Bedr et Ohod (1), ces lieux où les ennemis de
la religion ont succombé à un fléau mortel plus
terrible que la peste.

Les glaives de ces soutiens de l'islamisme qui,
avant le combat, étaient d'une blancheur éclatante,
sont sortis rouges de l'action, après s'être abreuvés dans la gorge de leurs ennemis qu'ombrageait
une épaisse forêt de cheveux.

Les flèches que distinguent des raies noires et dont
Alkhatt (2) a armé leurs mains, ont tracé une écriture profonde sur les corps de leurs adversaires;
leurs lances, ces plumes meurtrières, n'ont laissé
aucun corps exempt de leurs atteintes; aucune
lettre n'est demeurée sans point diacritique (3).

Ces nobles combattans, hérissés de leurs armes,
ont un caractère de piété qui les distingue de leurs

(1) Lieux des victoires de Mahomet.
(2) Voyez la Chrestomathie arabe, tom. II, pag. 331.
(3) Allusion à l'écriture arabe dans laquelle la moitié environ des lettres ont un ou plusieurs points que les grammairiens nomment diacritiques.

ennemis: ainsi le rosier se distingue par ses épines, du bois de sélam qui n'est bon qu'à être la pâture du feu.

Les vents qui t'apportent leur odeur, sont les garans d'une victoire assurée : chacun de ces guerriers, au milieu des armes qui le couvrent, semble une fleur au milieu de son calice. Fixés sur le dos de leurs coursiers ; ils y demeurent aussi immobiles qu'une plante qui a crû sur une colline : c'est la fermeté de leur cœur qui les attache, et non la solidité de leurs sangles. Leurs ennemis saisis d'effroi, perdent l'usage de la raison ; ils ne sont plus capables de distinguer un troupeau de faibles agneaux, d'un escadron de cavalerie.

Quiconque a pour appui l'assistance de l'apôtre de Dieu, réduira au silence les lions mêmes dans les marais qui leur servent de retraite.

Jamais vous ne verrez aucun de ses amis privé de la victoire, ni aucun de ses ennemis qui ne soit vaincu. Il a assuré à son peuple, dans la forteresse de la religion, une demeure tranquille, comme le lion habite sans crainte avec ses lionceaux dans des marais inaccessibles.

Combien de disputeurs audacieux que, par le ministère de ce prophète, les paroles de Dieu ont terrassés ? Combien d'adversaires ont été subjugués par ses argumens victorieux ?

Te faut-il un autre prodige qu'une science si vaste dans un homme sans lettres, au milieu des siècles de l'ignorance, que tant de connaissances dans un orphelin ?

En lui offrant ce tribut de louanges, je me flatte d'obtenir la rémission des péchés d'une vie passée dans les frivolités de la poésie et dans le service des grands. Ces vaines occupations ont orné mon cou d'une félicité passagère dont les suites fâcheuses sont le sujet de mes justes alarmes : ainsi l'on pare une brebis destinée à servir de victime. En me livrant à ces frivoles amusemens j'ai suivi la séduction de la jeunesse ; le crime et le repentir, voilà les fruits que j'en ai recueillis.

O mon âme ! ton négoce t'a ruinée entièrement ; tu n'as pas su acheter les biens de la religion au prix des choses de ce monde. Celui qui vend sa félicité future pour s'assurer un bonheur présent, fait un échange funeste, et souffre une perte incalculable.

Quand je commettrais une faute, je ne perdrais pas pour cela tous mes droits à la protection de ce prophète : la corde à laquelle je me suis attaché, ne sera pas rompue sans ressource. J'ai droit à le regarder comme mon patron, puisque je porte le nom de Mahomet ; et personne ne respecte plus que lui les droits de la clientèle.

Si, au jour de la résurrection, il ne me prend pas la main avec une bonté pleine de tendresse, tu pourras dire de moi que j'avais appuyé les pieds sur un lieu glissant ; mais loin de lui cette infidélité que quiconque a espéré en sa bonté, soit frustré de son espoir ; que celui qui a cherché un asile près de lui, n'éprouve pas les effets de sa protection !

Depuis que mon esprit s'occupe de chanter ses louanges, j'ai reconnu qu'il prend le soin le plus tendre de mon salut.

Jamais ses libéralités ne manquent d'enrichir la main de l'indigent : ainsi la pluie fait éclore les fleurs sur les collines.

Je ne désire point de recevoir de lui les biens frivoles de ce monde, pareils à ceux dont Harim, fils de Sénan, payait les vers que Zohaïr chantait à sa louange (1).

O le plus excellent des êtres créés ! Quel autre que toi prendrai-je pour refuge en ce moment terrible, commun à tous les mortels? Apôtre de Dieu, ta gloire ne sera point ternie par le secours que tu m'accorderas, au jour où Dieu se manifestera sous le nom de vengeur : car ce monde et le monde futur sont des effets de ta libéralité, et tous les décrets tracés par la plume éternelle sur les tablettes du Très-Haut, font partie de tes connaissances.

O mon âme, que la grandeur de tes fautes ne te jette pas dans le désespoir; les plus grands crimes sont, par rapport à la clémence divine, comme les fautes les plus légères. Au jour où le Seigneur distribuera ses miséricordes, sans doute il daignera

***

(1) Zohaïr est auteur d'une des sept *moallacats*, célèbres poëmes, ainsi nommés à cause qu'ils avaient été attachés par honneur à la porte de la Caaba. Voyez *Zohairi carmen foribus templi Meccani appensum*, publié par M. Rosenmüller, à Leipsick, en 1792.

les proportionner aux péchés de ceux qui l'auront offensé.

O mon Dieu! ne permets pas que je sois trompé dans mon espérance; ne permets pas que je sois déçu dans mes calculs. Qu'en ce monde et en l'autre ta bonté se fasse sentir à ton esclave; car tout courage l'abandonne aussitôt que les dangers le menacent.

Ordonne aux nuées de tes faveurs de se répandre toujours avec abondance sur ton prophète, et de verser sur lui sans interruption leurs eaux salutaires, aussi long-temps que le souffle des zéphyrs agitera les rameaux du *ban*; aussi long-temps que les conducteurs des chameaux charmeront leurs fatigues par des chansons.

Fais la même grâce à ses descendans, à ses compagnons, et à ceux qui leur ont succédé, à ces hommes distingués par leur piété, leur pureté, leur science, et la noblesse de leurs sentimens.

CONTES

EXTRAITS

DE L'ANVARI SOHÉILI,

TRADUCTION PERSANE DES FABLES DE BIDPAI,

PAR HOSSÉIN VAEZ KASCHEFI.

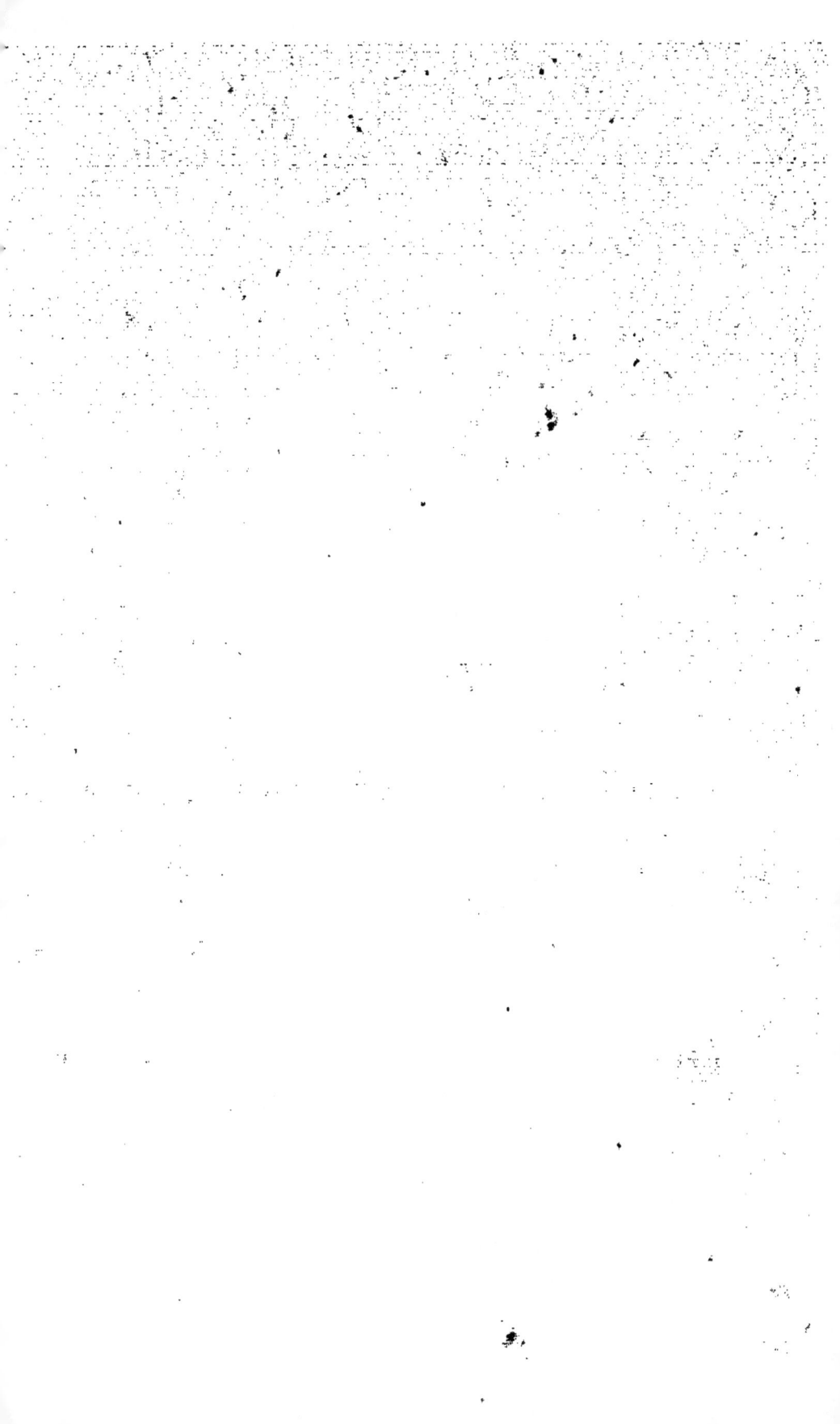

LE FAUCONNIER.

On rapporte qu'un satrape célèbre par sa puissance, et distingué par sa noblesse et par ses excellentes qualités, avait une femme dont la beauté était la perte de l'âme, et dont les charmes excitaient le trouble dans le monde. Ses lèvres donnaient la vie bien plus encore que l'eau du fleuve de l'existence, et sa bouche était plus douce que le sucre le plus pur.

VERS.

« Son visage avait l'éclat du feu, ses joues le
» brillant de l'onde argentée. Ses sourcils étaient
» des arcs, ses œillades des flèches, et au moyen
» de cet arc et de ces flèches, elle avait rendu mille
» cœurs esclaves. »

A ce degré si parfait d'agrémens et de charmes, elle réunissait la beauté de la pudeur et de la vertu, et avait orné de la lentille de l'abstinence et de la piété ces joues qui excitaient le trouble.

VERS.

« Ses yeux fermés à toutes les choses du monde,
» étaient cachés derrière le voile de la pudeur. Ja-

» mais un miroir n'avait vu, même de loin, ses
» traits ravissans. Que dis-je? elle craignait même
» la société de son ombre. »

Ce satrape avait un page du pays de Balkh qui
faisait auprès de lui les fonctions de fauconnier : il
n'avait ni mœurs ni retenue, et ne garantissait
pas l'atmosphère de son cœur de la poussière du
libertinage et de la corruption. Un jour ce jeune
homme vint à regarder cette femme vertueuse,
et aussitôt l'oiseau de son cœur fut pris dans le
filet de l'amour.

Hors de lui, il eut beau agiter l'anneau (1) de
l'union, la porte de la rencontre ne s'ouvrit point ;
envain il employa la ruse et l'adresse, tout fut
inutile.

Animé du désir de prendre ce paon du jardin de
la beauté, il ceignit les reins de l'espérance, mais
il eut beau faire voler le faucon de la pensée dans
l'air de l'union, il ne put trouver le chemin du nid
de l'objet désiré.

Quand le page vit ses espérances trompées, il
chercha (comme c'est l'usage des âmes perverses)
à inventer quelque stratagème contre cette femme
vertueuse, et eut recours à la fourberie pour la
couvrir de honte. Il acheta donc d'un chasseur

---

(1) C'est-à-dire le marteau de la porte. En Orient les
portes ont un anneau pour frapper au lieu d'un marteau ou
d'une sonnette.

deux perroquets, et se mit à apprendre, dans la langue de Balkh, à l'un d'eux : *J'ai vu le portier couché avec la maîtresse de la maison;* et à l'autre : *Mais pour moi du moins je ne dis mot.* En une semaine les perroquets retinrent ces deux phrases. Un jour que le satrape était dans la salle du festin, assis sur le coussin de la conversation, le cœur dégagé de tout souci, le fauconnier entra et lui offrit les perroquets en forme de présent. Les perroquets s'étant mis à parler avec beaucoup de douceur, répétèrent les deux phrases, d'après leur usage. Le satrape ne connaissait pas la langue de Balkh, mais il fut ravi d'entendre la flexibilité de leur voix et le charme des mots qu'ils prononçaient, et après s'être familiarisé avec ces sons, il confia ces oiseaux à son épouse afin qu'elle en eût un soin particulier. La pauvre femme, qui ne connaissait pas non plus la langue que parlaient ces oiseaux, les éleva, et caressa ainsi des ennemis qui avaient une apparence d'amis.

Le satrape finit par se plaire si fort au chant de ces perroquets, qu'il laissait le son enivrant du luth et le frémissement voluptueux de la guitare pour prêter l'oreille à cette harmonie vivifiante.

Un jour des gens de Balkh vinrent chez lui. Le satrape n'eut rien de plus empressé que de faire apporter les perroquets dans le lieu qu'il avait disposé pour ses hôtes. Ces oiseaux se mirent aussitôt selon leur coutume à articuler les deux phrases. Mais à peine eurent-ils proféré ces mots que les étrangers, stupéfaits de ce qu'ils venaient d'entendre, se regardèrent les uns les autres, et finirent par baisser la tête de la honte. Le satrape voyant que le feu de la joie de ses amis s'était éteint, et que l'ivresse du contentement de ses hôtes s'était changée en stupeur et en réflexion, s'informa quelle en était la cause, insistant fortement dans sa demande. Les hôtes eurent beau s'excuser, il ne reçut point leurs excuses. Le plus hardi d'entre eux lui dit alors : « Vous ne savez point sans doute ce que ces oiseaux disent ». « Non, répondit le satrape, je ne comprends pas ce qu'ils disent; mais j'aime et je prends plaisir à entendre leurs paroles qui gagnent les cœurs. Instruisez-moi donc du sens de ces paroles. »

VERS.

« Je n'ai pas même vu en songe Salomon, com-
» ment puis-je savoir la langue des oiseaux? (1) »
Alors les hôtes, après avoir répété les mots que disaient les perroquets, en expliquèrent le sens au satrape. Celui-ci quittant aussitôt son verre : « Mes chers amis, dit-il, excusez-moi; je ne comprenais pas ce que ces oiseaux disent; mais actuellement que je sais ce qu'il en est, il ne me serait plus

_____

(1) Les Orientaux prétendent que Salomon entendait le langage des oiseaux.

possible de m'excuser. Ce n'est point l'usage dans notre ville de rien manger dans une maison dont la femme est dissolue et sans mœurs. » Sur ces entrefaites, le jeune fauconnier se mit à crier : « Oui, j'ai vu plusieurs fois ce que ces oiseaux disent, et j'en rends témoignage. » A ces mots, le satrape ordonna que l'on fît mourir sa femme; mais celle-ci, instruite de cet ordre, lui envoya quelqu'un qu'elle chargea de lui dire : « Mon seigneur et mon maître tout puissant :

VERS.

« Que ma mort te soit agréable ou que tu me
» laisses la vie, quelque chose que tu ordonnes,
» je m'y soumets avec résignation.

» Mais pense sérieusement à cette affaire, et ne
» précipite rien; ne te hâte point de me faire mou-
» rir parce que je suis en ton pouvoir; car les sages
» pensent que, dans toutes les affaires, mais surtout
» lorsqu'il s'agit de verser le sang il est indispensable
» de faire de sérieuses réflexions; car si la peine
» capitale devient nécessaire, on pourra l'infliger
» lorsqu'on le voudra, tandis que si, par précipi-
» tation, on frappe de mort un innocent, et qu'il
» soit ensuite reconnu qu'il n'a pas mérité d'être
» condamné, la réparation de cette faute sort du
» cercle de la possibilité, et cette injustice pèse
» à jamais sur la tête de celui qui s'en est rendu
» coupable. »

Après avoir entendu ce message, le satrape ordonna que son épouse lui fût amenée, et lui dit :
« Les perroquets ne sont point de la nature de l'homme, leurs discours ne peuvent donc pas être causés
par la haine ni par la malveillance ; ils déclarent ce
dont ils ont été témoins, et d'ailleurs le fauconnier
assure également qu'il a vu ce que ces oiseaux disent. Ceci n'est point une bagatelle dont on puisse
s'excuser avec de belles paroles. Si la faute est faite,
il n'y a point de pardon à attendre. » « Il est juste
de faire des recherches sur mon compte, repartit
l'épouse, et quand cette affaire sera parfaitement
connue, si je mérite la mort, tu me la feras
donner. » « Mais comment l'éclaircir ? dit le satrape. » « Demande aux gens de Balkh, répondit-
elle, si, outre ces deux phrases, ces oiseaux savent
autre chose ou non : s'il est reconnu qu'ils ne savent
que ces mots, il sera facile de se convaincre que
c'est ce libertin déhonté qui, n'ayant pu réussir
dans les vues criminelles et dans les désirs insensés
qu'il avait formés sur moi, leur a appris ces mots.
Si, au contraire, ils peuvent dire autre chose, il te
sera licite de verser mon sang, que dis-je ? il ne me
sera plus permis de vivre. » Le satrape mit donc le
plus grand soin à approfondir cette affaire ; et, de
leur côté, les hôtes firent, pendant trois jours,
tous leurs efforts pour découvrir la vérité ; mais les
perroquets ne prononcèrent que ces deux phrases.
Lorsqu'il fut reconnu que la femme était innocente,
le satrape l'acquitta de la peine de mort et ordonna

qu'on lui amenât le page. Celui-ci accourut aussitôt, un faucon sur le poing. « Méchant, traître, s'écria la femme, m'as-tu vu faire quelque chose de contraire à ce que Dieu approuve?» «Oui, répondit-il, j'ai vu ce que ces oiseaux disent. » Il n'eut pas plus tôt prononcé ces mots que le faucon qu'il avait sur le poing, se précipitant sur son visage, lui creva les yeux à coups de bec, et les lui arracha. Voilà, dit alors la femme, la récompense destinée à celui qui prétend avoir vu ce qu'il n'a pas vu. *Le mal est puni par un mal semblable.*

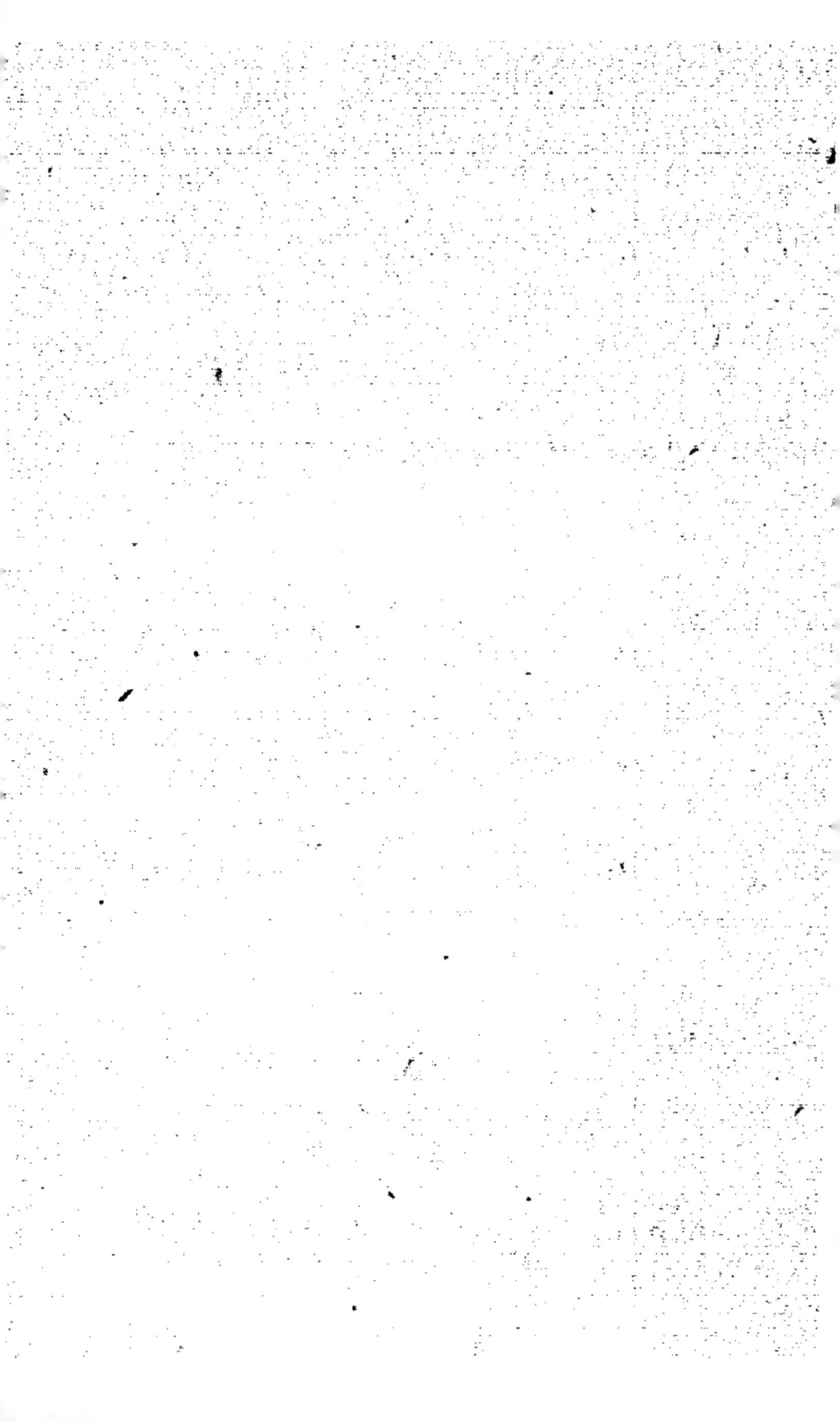

L'OURS ET LE JARDINIER (1).

Un jardinier possédait un jardin plus agréable et plus voluptueux que les jardins les plus célèbres de l'Orient. Ses arbres de différentes espèces étaient aussi beaux que le plumage diapré du paon, et ses fleurs de mille variétés avaient l'éclat de la couronne de Kaous (2). La surface de son sol était brillante comme la joue de la beauté élégamment vêtue, et le zéphyr de son atmosphère était parfumé comme le magasin d'un marchand d'aromates. Ses rameaux, chargés de fruits, étaient courbés comme le vieillard accablé d'années ; et ses fruits, doux et embaumés, étaient préparés sans la chaleur du feu. Leurs différentes espèces, soit de printemps, soit d'automne, étaient la fraîcheur et la saveur même. Ses pommes, qui n'étaient pas nuisibles, semblables au menton des beautés enchanteresses, au corps d'argent, avaient la couleur la plus agréable et le plus délicieux parfum. Leur

---

(1) La fable de l'*Ours et l'Amateur des Jardins* de La Fontaine, est une imitation de ce conte.

(2) Ou *Caïkaous*, roi de Perse de la deuxième dynastie, nommée des *Caïanides*.

vive couleur les faisait paraître de loin comme des lampes brillantes attachées aux arbres.

Que dirai-je de ses poires dont l'extrême douceur pouvait les faire considérer comme autant de fioles de sucre suspendues au vent ?

Ses coings, revêtus de laine, comme les sofis qui se lèvent durant la nuit, et les joues pâles, sortaient la tête de la fenêtre du monastère de la création ; et leur extérieur, souillé de poussière, rappelait aux cœurs douloureux des amans l'amour de leurs belles.

Les boules d'or de ses oranges brillaient au sein des feuilles, comme le globe lumineux du soleil au milieu de la voûte verte des cieux ; et les cassolettes de ses citrons étaient un des principaux agrémens de ce parterre par leur parfum qui enlève le cœur, et par leur exhalaison qui fait naître le plaisir.

On aurait dit de ses grenades, semblables aux lèvres de la jeune amante qui sourit, que le ciel alchimiste avait jeté des rubis dans le feu pour les éprouver.

D'un côté on voyait des pêches si fraîches et si succulentes, que le jus le plus délicieux en sortait avant même de les porter à la bouche ; de l'autre, des figues incomparables qui semblaient une pâtisserie agréable formée de graines de pavot et de sucre candi.

Il y avait des raisins dorés dont la beauté avait été décrite par la plume de la sagesse dans la page du Coran où on lit ces mots : *Nous y avons fait croître du grain et du raisin.*

Là des melons, comme des globes d'or, couverts d'un tendre duvet semblable à celui des joues de l'adolescent, étaient comparables à la pleine lune qui paraît sur l'horizon couleur de verre. On était convaincu, en les voyant, qu'ils remportaient la boule du mail (1) sur les fruits du paradis.

Chaque arbre captivait tellement ce jardinier, qu'il ne pensait ni à son père, ni à ses enfans, et qu'il passait sa vie retiré dans ce jardin. Il finit pourtant par se lasser de l'ennui de la solitude et de la privation des douceurs de l'amitié.

VERS.

« Ce jardin est plein de roses et de violettes.
» Que m'importe? hélas! je n'y vois point d'ami! »

Enfin le cœur blessé de la douleur de l'isolement, il sortit pour se promener dans le désert et se mit à parcourir le pied d'une montagne dont l'étendue, comme le vaste champ de l'espérance, n'avait point de bornes. Par hasard, l'ours le plus hideux et le plus difforme avait aussi pris la même route, et par le même motif. Ils ne se furent pas plus tôt rencontrés, que, à cause de leur mutuelle ressemblance, la chaîne de l'amitié se mit en mouvement, et que le

_____

(1) Allusion au jeu de mail, très-usité chez les Persans.

cœur du jardinier se trouva porté à la société de
l'ours.

« Chaque atome dans la terre et dans le ciel est
» pour l'atome de son espèce comme la paille et
» l'ambre gris. Les damnés attirent les damnés,
» les bienheureux appellent les bienheureux. Les
» gens purs désirent le vin pur, les gens d'un mau-
» vais caractère, la lie. Un homme vain convient
» bien aux gens vains. Un homme d'esprit est
» bien avec les gens d'esprit. Les personnes qui
» s'occupent de l'éternité aiment à avoir pour
» compagnons des gens qui y pensent. »

L'ours ayant reçu du jardinier des caresses que
jamais personne ne lui avait faites, se livra totalement à son amitié, et, au premier signe, il le sui-
vit, et vint dans ce jardin semblable au paradis.

La concorde ayant été établie entre eux par les
bienfaits, et par le don de ces fruits agréables, la
bouture de l'amitié prit racine dans le sol de leur
cœur. Ils étaient souvent dans un coin du jardin,
toujours contents de se trouver ensemble.

Toutes les fois que l'excès de la fatigue forçait le
paysan à poser la tête de l'oisiveté à l'ombre du
délassement, sur l'oreiller du repos, l'ours, par
attention et par attachement pour son ami, s'as-
seyait auprès de son coussin, et chassait les mouches
de sa figure.

Non, disait-il, je ne veux pas que les mouches couvrent la face de l'objet que j'adore.

Un jour, selon l'usage, le jardinier s'étant couché et s'étant endormi, une grande quantité de mouches se rassemblèrent sur sa figure. L'ours se mit à les chasser; mais il avait beau faire, elles revenaient aussitôt; les chassait-il d'un côté? elles fondaient de l'autre.

Fatigué, l'ours soulève une pierre de cent livres pesant; et, en se disant à lui-même : Je les tuerai, il la jette sur le visage du malheureux jardinier. Les mouches n'en reçurent aucun mal, mais la tête de l'agriculteur fut mise au niveau de la terre.

Voilà pourquoi les sages ont dit que, dans toute circonstance, un ennemi savant vaut mieux qu'un ami ignorant.

TABLE DES MATIÈRES

CONTENUES

DANS CE VOLUME.

FIN.

www.ingramcontent.com/pod-product-compliance
Lightning Source LLC
Chambersburg PA
CBHW072038090426
42733CB00032B/1873